日本懐かし観光大全

山田孝之

辰巳出版

観光」の世界へ！

昭和30～40年代の高度経済成長がもたらした効果は、ただ単に日本の経済力が上がったというだけのことではない。人々の日常生活はもちろん、余暇においてもその影響は計り知れず、それ以前には考えられなかったほど多様なスタイルのレジャーが花開いた時代でもある。自家用車の普及、交通網の整備、レジャー施設の誕生、家庭における生活水準の向上、余暇時間の増加など、ありとあらゆる事象が重なって、日本国内の観光産業はかつてないほどの盛り上がりを見せていった。

当時発行された観光案内や宿泊施設のパンフレットなどを見てみると、そこに集まっている人の多さは尋常ではなく、まさに時代の高揚感が垣間見える。また、それらの施設の規模の大きさや豪華さにも驚かされるが、今では考えられないほどに贅沢で広大な空間が広がっていることもあり、よくこんな設備を維持管理していくことができたなと不思議に思うほどだ。

新しいレジャー施設や観光スポットが次々とオープンしていった昭和30～40年代は、たしかに物質的な繁栄と刷新の時代であった。都市が急速に発展し、観光業もその波に乗って飛躍的に成長したのだ。

しかし、その一方で、各地には伝統的な地方文化が根強く残ってい

ようこそ「懐かし

た時代でもある。インターネットがまだ存在しなかった当時、地方文化に触れる手段は限られていた。テレビやラジオ、新聞などのメディアはある程度の情報を発信してはいたが、それでも遠くの地域や隠れた名所について知ることはなかなか困難だった。

そう考えると、旅に出て、まだ見ぬ土地の名所や文化・伝統に触れたときの驚きは、今とは比べものにならないほど大きかったのではないかと想像される。

中には、残念ながらすでになくなってしまった、地方ならではの文化も少なくないが、本書ではそのような今はなき風景も含め、観光地やレジャー施設などの写真をふんだんに掲載し、ビジュアル的に楽しめるような誌面作りを心がけた。また、いろいろなトリビアなども交えつつ、あまりアカデミックになりすぎないように表現したつもりだ。

その時代を知っている人には懐かしく、知らない若い世代には新鮮に映るものが数多くあるはずだ。当時を懐かしんだり、あるいは新たな発見をしたりしながら、本書を楽しんでいただければと思う。

昭和の観光は、今も私たちを惹きつけてやまない魅力に溢れている。

さあ、懐かしさと新鮮さが交錯する時間旅行へと出かけよう!

もくじ

PART 2
何度でも訪れたい！ 娯楽のパラダイス!!

ミニ特集

コラム

巻頭特集

絵はがきで巡る
昭和の日本縦断の旅

昭和の観光を語る上で絶対に外せないのが、絵はがきの存在である。観光地の土産物屋や宿泊施設、駅などで、観光名所を写した写真入りの絵はがきが、外袋入り10枚程度を1セットとして売られていた。旅先から家族に旅の様子を報告するために一筆添えてポストに投函したり、お土産として配ったり、旅の思い出に浸るために自分用に購入したりと、様々な楽しまれ方をしていた。まだカメラを持つことが一般的ではなかった時代、旅と絵はがきは切り離せない関係だったのだ。使い捨てカメラの普及をきっかけに、観光地の絵はがきは徐々に需要を失い、今では土産物屋の隅にわずかに置かれているのみとなっているが、昭和30〜40年代には日本全国で膨大な種類の絵はがきが販売されていた。定番の観光名所だけでなく、例えば高速道路のジャンクションやダムなど、現在の感覚からすると、なぜそれを絵はがきに？というものもあったりして非常に面白い。

また、今ではなくなってしまった施

設や旧来の町並みが写されたものも多く、絵はがきは歴史を知る上でも貴重な資料になっている。

　ここで紹介する絵はがきのほとんどは、日本が高度経済成長期だった時代のものである。発展する街並み、雄大な自然、歴史深い名所旧跡の数々…。

　絵はがきには、まだ見ぬ場所を訪れてみたいという旅への憧れや、レジャーを楽しみたいという欲望が詰め込まれている。そこに写された写真からは、高度経済成長期のエネルギーに満ちた日本の様子が伝わってきて、見ているだけでパワーをもらえるような気さえする。

　カラー写真が一般的ではなかった昭和中期の絵はがきは、モノクロ写真が人工的に着色されており、今となってはそれも非常にノスタルジックな雰囲気を感じさせる。そして、不自然なほど鮮やかに着色された写真からは、旅の楽しさが溢れ出ている。

　では、10数cm四方の小さな絵はがきのキャンバスを通して、昭和の日本を旅してみよう！

北海道

北海道の雄大な自然はいつの時代も旅情をかきたてる。札幌の美しいネオンも人々を魅了した。昭和32年に造られた札幌テレビ塔は、札幌時計台と並ぶ北海道のシンボルとなった。

岩手

東北でも有数の温泉地である花巻温泉郷、歴史を感じさせる明治期の建築が残る盛岡の街並み、リアス式海岸になっている三陸海岸の絶景など、今でも人気のスポットが多い。

青森

本州最北端の地、青森。青函トンネル開通以前は青函連絡船で津軽海峡を行き来していたため、この地を訪れる人々の感覚は今よりもさらに特別感があったことだろう。

山形

県内の全市町村に源泉が湧く山形。天童温泉は将棋の駒の生産地としても有名で、昭和31年から人間将棋のイベントも行われている。海に近いあつみ温泉は海水浴客でも賑わった。

秋田

自然、伝統、文化が色濃く残る秋田の地。高度経済成長期には社員旅行などの団体客が多く訪れた。大桟橋などの奇岩怪石が見られる男鹿海上遊覧船も人々を楽しませた。

白虎隊などで知られる歴史ある会津の地は、歴史ファンのみならず多くの人を魅了してきた。雄大な自然景観を有する磐梯高原も戦後の観光開発により発展した。

福島

宮城

空襲で焼け野原になった仙台は、昭和30年代には人口40万を超えるまでに発展し、東北の中心都市となった。日本三景の一つである松島も数多くの絵はがきとなっている。

栃木

日光東照宮や那須高原など、全国的にも名高い観光スポットが目白押しの栃木。絶景を楽しめるロープウェイやケーブルカーもこの時代の観光では大変人気があった。

茨城

山は筑波、海は大洗、滝は袋田、湖は霞ヶ浦と、自然豊かな景勝地が多い。日本三名園としても知られる偕楽園の梅も有名。五浦の六角堂も旅情に華を添える。

群馬

今でも人気の観光地である草津温泉や伊香保温泉を有する群馬。高崎白衣大観音は群馬の象徴として知られ、多くの参拝客が訪れる。榛名湖のレジャーは昭和の観光でも定番だった。

千葉

東京からのアクセスも便利な千葉には、多くのレジャースポットが誕生した。犬吠埼の犬吠埼灯台は昭和時代の代表的な観光地で、当時の絵はがきでも非常によく見かける。

埼玉

東京都心からでも少し足を伸ばせば大自然が満喫できる長瀞は、古くから観光地として親しまれてきた。岩畳の中の川下りは心地良さとスリリングさを兼ね備えていて楽しい。

神奈川

鎌倉や横浜など、全国的にも有名な観光地が多い神奈川。今では定番となった横浜中華街は昭和30年頃から本格的に観光地化され、多くの観光客で賑わうスポットになった。

新潟

日本の離島観光では外せない佐渡を有する新潟。観光に訪れる人の数も非常に多く、お土産絵はがきの種類も豊富だ。夏の両津七夕・川開き（花火大会）は今でも有名だ。

東京

日本の中心地として国内外からの観光客を魅了してきた東京の街。昭和33年には東京タワーが完成し、東京の新しいシンボルに。伊豆大島などの離島への観光も人気となった。

長野

長野は、日本を代表する別荘地である軽井沢や、国立公園の志賀高原、極上のパウダースノーが楽しめる野沢温泉スキー場など、豊富な観光資源に恵まれ、人気の観光地となった。

福井

永平寺などの歴史ある観光地や、軽妙なしぐさや豪快な踊りが面白い「馬鹿ばやし」など、多様なコンテンツが楽しい福井。ドラマや映画のロケ地でも有名な東尋坊の奇観も見もの。

富山

大自然そのままの山岳スキー場が訪れる人を楽しませる立山。立山の雷鳥は、昭和30年に国の特別天然記念物に指定された。昭和38年には黒部ダムが完成し、観光スポットの仲間入りをした。

石川

加賀百万石の歴史を持つ石川には兼六園などの観光スポットのほか、山代温泉や山中温泉などの温泉街でも知られる。昭和の文豪などの著名人に愛された温泉宿も多い。

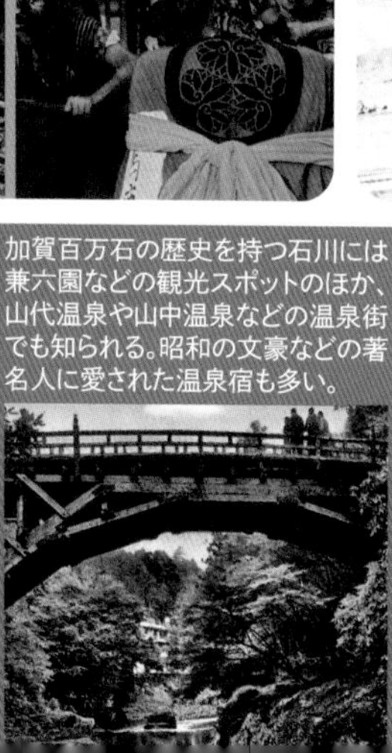

静岡

伊豆半島には熱海や伊東など、今でも定番の観光スポットが豊富。熱海は昭和の観光案内などで「東洋のナポリ」と紹介され、新婚旅行のメッカとしても人気を博した。

愛知

名古屋の象徴である名古屋城に加え、昭和29年に完成した名古屋テレビ塔も人気の観光地に。開業当時は東洋一の高さを誇り、数時間の入場待ちとなるなど話題となった。

山梨

富士の絶景を楽しめる山中湖。昭和30年代頃から本格的に別荘地の開発や観光ホテルも建設され、東京近郊からたくさんの人が訪れた。絵はがきでは昭和のキャンプの様子が伺えて面白い。

岐阜

長良川の鵜飼は古くから岐阜の名物として知られ、絵はがきの題材にもよく扱われている。名湯下呂温泉や飛騨高山のスキー場も有名で、県内外から多くの人が訪れた。

大阪

独自の文化を持つ大阪は、経済だけでなく観光においても日本トップクラス。グリコの看板や通天閣などは大阪観光のシンボルとなった。昭和30年代からは阪神高速道路も整備され、大阪の発展の一翼を担った。

奈良

修学旅行でもおなじみの奈良。古都ならではの数々の歴史ある建造物が、知的好奇心を刺激する。昭和の絵はがきでは鹿をモチーフとしたものも多い。

京都

日本で最も有名な観光地ともいえる京都には、寺社仏閣を中心に様々な見どころが充実している。昭和の絵はがきには、華やかな舞妓をモチーフとしたものも多く、旅の気分を一段と盛り上げた。

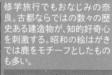

滋賀

滋賀には日本最大の湖、琵琶湖を中心にレジャースポットが多く誕生し、昭和の観光を彩った。京の都に近いことから、彦根城などの歴史ある観光地も点在する。

三重

「一生に一度はお伊勢参り」といわれるほど、古くから旅の目的地とされてきた三重の土地。海女漁などの伝統的な文化も残り、昭和の時代も旅行先として親しまれた。

兵庫

雄大な六甲山を背に広がる神戸の美しい港町は、いつの時代も人々を感動させてきた。昭和32年には六甲山に「回る十国展望台」が完成し、360度のパノラマを楽しめると話題になった。

和歌山

関西の旅行先として昔も今も人気の高い南紀白浜。昭和30年代には社員旅行などの団体客で賑わいを見せ、旅館やホテルなどの宿泊施設が数多く建てられていった。

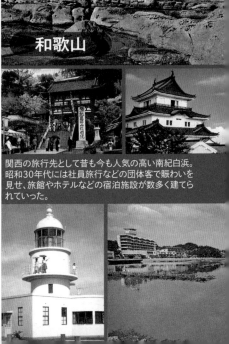

日本三名園の一つ、後楽園で知られる岡山。瀬戸内海を見渡す絶景もドライブ客に人気となった。奥津温泉の伝統的な風習「足踏み洗濯」なども観光客を楽しませた。

岡山

鳥取

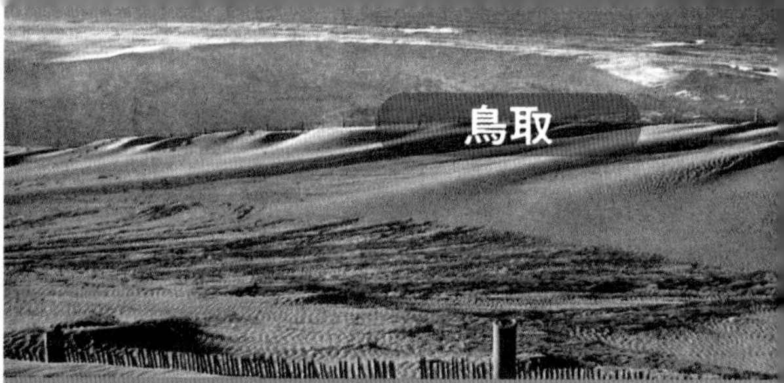

日本では珍しい、砂丘の自然美を体験できる鳥取砂丘。昭和30年には国の天然記念物に指定された。因幡の傘踊りや麒麟獅子などの民俗芸能なども鳥取の名物として知られる。

島根

島根の定番観光スポットといえばやはり出雲大社。参道周辺には今も風情ある街並みが広がる。昭和の時代は出雲日御碕灯台も出雲大社と並ぶ名所として観光客に人気だった。

山口

独特な岩の奇観が見られる天然記念物の秋芳洞や五連アーチが美しい錦帯橋などの名所は、今でも人々を魅了する絶景だ。秋芳洞、錦帯橋付近は現在も昭和レトロな土産物屋街が残る。

広島

戦後復興を遂げた広島は中国地方の中心地として再び栄え、多くの人が訪れるまでになった。安芸の宮島は原爆ドームとともに修学旅行の定番スポットとなっていった。

愛媛

四国を代表する温泉地、道後温泉を有する愛媛県。かつては道後公園内に動物園があり、温泉客とともにたくさんの人で賑わった。昭和30年には松山城にロープウェイも誕生した。

高知

幻想的な岩の自然美を見ることができる龍河洞や海の絶景を堪能できる室戸岬などは昭和の高知観光では定番だった。土佐犬や尾長鶏は土産物のモチーフとしてよく使われている。

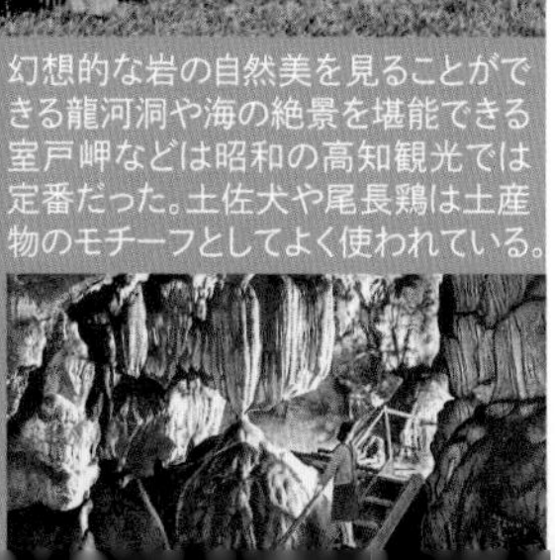

香川

国の特別名勝に指定されている大名庭園・栗林公園がある香川。瀬戸内海に浮かぶ、オリーブで有名な小豆島は瀬戸内の観光で人気スポットだった。

徳島

日本の海の三大難所とされた鳴門海峡の渦潮は、昭和の絵はがきでも頻繁に登場する名物となっていた。400年を超える歴史を持つ阿波おどりも徳島名物の伝統芸能だ。

佐賀

有明海と玄界灘、2つの海の豊富な恵みを楽しめる佐賀。呼子の朝市は日本四大朝市とも称され、名物となっている。武雄温泉、嬉野温泉などの風情ある温泉街も古くから親しまれている。

大分

温泉の源泉数・湧出量が日本一の大分。別府や由布院などの温泉街は、今でも観光の定番スポットだ。高崎山の野生のサルも昭和の中頃から有名になり、人々を楽しませた。

福岡

元寇ゆかりの筥崎宮などがあり歴史深い福岡。戦後復興を遂げた中洲のネオン街は昭和20～30年頃に飛躍的に発展した。大濠公園も福岡市中心部の人気スポットとなった。

長崎

まだ戦後の空気が色濃く残る昭和30年代、平和祈念像には多くの人が訪れ、平和を祈った。眼鏡橋やグラバー邸は重要文化財に指定され、今でも定番の観光地となっている。

熊本

昭和30年代、自動車の普及と九州横断道路の開通が後押しをして阿蘇山への観光が人気となった。加藤清正ゆかりの熊本城も数多くの絵はがきが作られ、お土産品として売られた。

沖縄

返還前の沖縄は、本土の人々にとってはまさに異国のような土地。昭和30年代頃から本格的に観光産業が発展し、様々なリゾート開発が行われていった。

まるで南国リゾートのような体験ができる宮崎。昭和の時代、青島は新婚旅行のメッカとしても知られ、ホテルや旅館など数多くのリゾート施設で賑わった。

宮崎

鹿児島

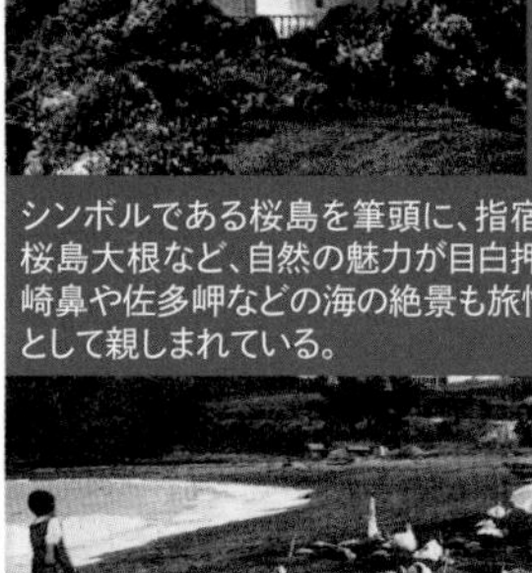

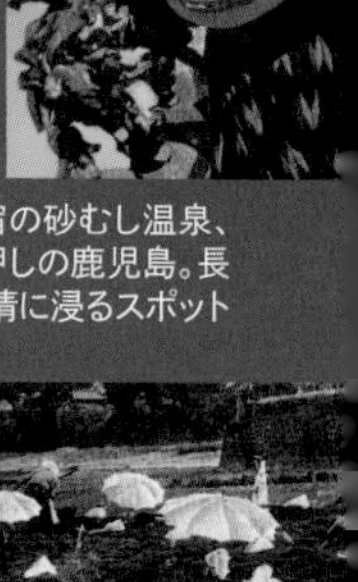

シンボルである桜島を筆頭に、指宿の砂むし温泉、桜島大根など、自然の魅力が目白押しの鹿児島。長崎鼻や佐多岬などの海の絶景も旅情に浸るスポットとして親しまれている。

旅の思い出が蘇る 観光土産

column❶

ネットやスマホがなく、使い捨てカメラもまだ登場していなかった時代、旅の思い出に浸るため、あるいは知人に観光地の様子を伝えるために、お土産は必須であった。ここでは今ではあまり見かけなくなった昭和ならではのレトロな観光土産をご紹介。

ペナント

昭和40〜50年代に観光土産として一斉を風靡したペナント。長さ70cmほどの二等辺三角形の枠内に、観光地の魅力が詰め込まれた。

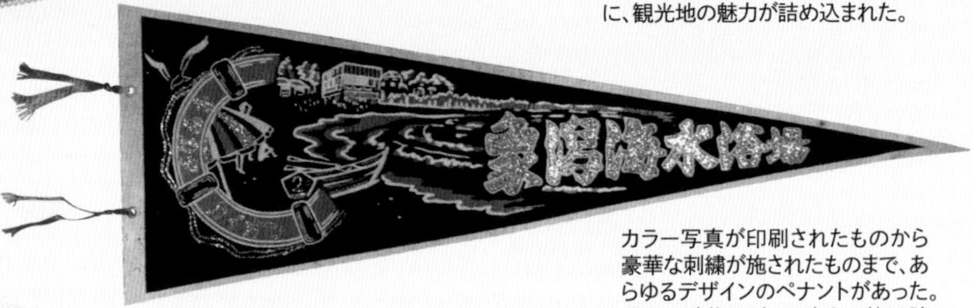

カラー写真が印刷されたものから豪華な刺繍が施されたものまで、あらゆるデザインのペナントがあった。昭和の時代はどこの家も一枚は壁に貼られていたものである。

昭和のお土産の代表格！
飾ったときのインパクトが凄い！

別府のアフリカンサファリのペナント。迫力満点の動物たちが肉食、草食混在して描かれている。こういったフィクションが演出できるのもイラストならではの面白さ。

長野にある白樺湖のペナント。中央には、登山道具のピッケルのミニチュアがロープで結わえ付けられている。左側には小さく地図も配置。

キーホルダー

観光地には必ず売られているご当地のキーホルダー。昭和の時代はやけに気合が入ったデザインのものが多かった。修学旅行で購入して、ランドセルや通学カバンに付けている学生もよく見かけた。

謎のハイクオリティ！ 重量感と高級感溢れる一品

今にも飛び出さんばかりのリアルさで立体加工が施されている。かなり細かい部分まで作り込まれていて、技術力の高さが伺える。

県の形のキーホルダーは定番中の定番。地図に観光名所などが細かく記され、裏面にはその土地の面積や人口、名物が記されている。

こういったお土産キーホルダーはメタリックなシルバーが基本だが、色彩豊かなカラーリングや表面に樹脂加工が施されたものもある。

絵はがきセットの中には、薄手のレコードであるソノシートが付属しているものも売られていた。はがき自体がソノシートになっているものもあった。

観光の思い出を耳で楽しむ音のお土産

絵はがき型のソノシートでは、そのはがきの場面の解説が吹き込まれている。しかし、再生している間、はがきは回っているので写真を見ながら聞くことは難しい。

ソノシート、カラー写真、観光マップ、あらゆるものが詰め込まれたセット品。これだけあれば鮮明な旅の記憶が思い出されそうだ。

観光案内のパンフレットにソノシートが付いているものや、パンフレットそのものがソノシートになっているものもある。ご当地の歌が吹き込まれているものも多い。

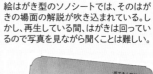

ミニ提灯

日本ならではのお土産
これぞ和の風格!

ペナントと並んで昭和のお土産の代表格ともいえるのがミニ提灯である。インパクトのある太い寄席文字に、観光地の楽しいイラストが描かれているギャップも面白い。

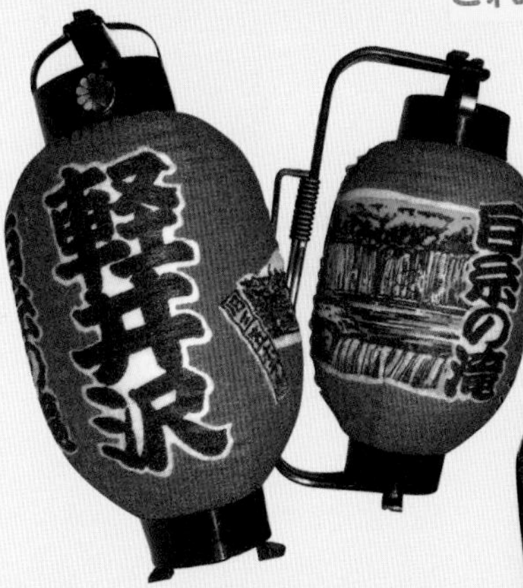

一つでも存在感が凄い提灯だが、昭和の部屋には、自分が行ったことのある観光地を記録するように、10個も20個も壁に貼り付けて飾られていたものである。

とび出す絵はがき

ステレオビジョンで
眼の前に立体的な観光地が!?

付属の厚紙を組み立てると双眼鏡のような形に。これにはがきをセットして覗き込むと立体に見える。なんとか観光地の雰囲気をそのまま味わえないか、そんな思いで作られたお土産だ。

「とび出す絵はがき」は、はがきとして単体で送る場合、相手もステレオビジョンを持っている必要があった。そのためか、あまり普及はしなかったようで、販売された数も少ない。

PART 1

見どころ満載!
一度は訪れたい!!

観光都市

日本人の旅の原点といえば、やはり「お伊勢参り」である。戦乱の時代を経て徳川政権による江戸時代の安定した世の中になると、全国各地の街道が整備され、地域間での往来が可能になっていった。同時にそれまでは食べることで精一杯だった庶民の生活も多少の余裕が生まれ、娯楽を楽しめるように。

そこで流行したのが、伊勢神宮を参拝するお伊勢参りだ。「流行した」とはいうものの、遠方に住む庶民にとっては、距離的にも経済的にも頻繁に行けるようなものではなかった。また、基本は徒歩移動で時間のかかる旅だったため、一生に一度きりの特別なイベントでもあったのだ。お伊勢参りの人々は、伊勢神宮への参拝前後に様々な場所に立ち寄り、各地を見物して回ったという。江戸時代の物語である『東海道中膝栗毛』においても、弥次さん喜多さんのコンビが江戸から旅をして伊勢神宮に参拝を済ませ、その後、京都や大阪に立ち寄る様子が描かれている。道中もいろんなグルメを楽しみ、初めて見るよう

なものにはツッコミを入れ、面白そうなアトラクションを見つけたら体験するなど、『東海道中膝栗毛』で描かれているお伊勢参りの様子は、まさに日本人の旅のルーツともいえるものである。

　近代に入ると、交通機関の整備などにより日本各地へのアクセスは飛躍的によくなった。様々な場所に点在する名所に、より気軽に行けるようになり、昭和の〝レジャー・観光ブーム〟の時代に至ると、観光都市としてさらに経済発展する地域も増えていった。京都や奈良などは観光が経済にもたらす影響が大きい古くからの観光都市の典型で、今も多くの人が訪れているし、長崎のように、戦災から復興を遂げて観光都市化していった地域もある。

　ここでは昭和時代の観光都市の様子を、当時のパンフレットや絵はがきを用いてご紹介。歴史ある寺社仏閣は、昔も今も変わらないが、当時の街並みや新たに作られた施設などはとても興味深い。昭和の雰囲気に満ちた観光地の風景に、ぜひご注目を。

日本の2大定番観光都市ともいえる京都と奈良。寺社仏閣などの歴史ある和の建造物と、美しい自然が残る。昔も今も国内外から多くの観光客が訪れており、京都も奈良も、名所をバスで巡る定期観光バスが古くから運行されている。

奈良・京都

京都

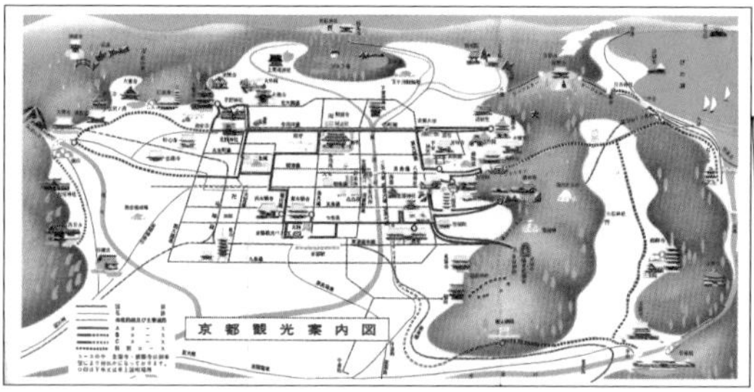

(上)京都市内の定期観光バスのコース。主に市内を巡る3種のコースと、琵琶湖や宇治まで行く「特別コース」も運行されていた。

京都御所(左)など、日本の歴史を知る上では外せないスポットが多数。どの場所の風景も季節によってその表情を変えるので、何度訪れても飽きない。

近代になって新しく誕生したものも多い。比叡山にはケーブルカーとロープウェイが通され、山頂には展望台のある遊園地が作られた。

京都の北部、宮津にある天橋立。日本三景の一つとして知られ、景色を逆さにして見ると、天に架かる橋のように見える「股のぞき」でも有名。

京都の観光を一層華やかにしてくれるのが舞妓の存在。色とりどりの着物が京の景色に映える。昭和のお土産絵はがきにはよく登場する。

奈良

奈良の大仏や興福寺の五重塔は修学旅行で訪れた思い出がある人も多いはず。春日大社や法隆寺も古い歴史を感じるスポット。

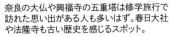

熱海・伊豆

熱海、伊豆は日本屈指の温泉リゾート都市。東京都内からも気軽に遊びに行ける距離で、文豪などの著名人にも愛された。高度経済成長期に目覚ましい発展を遂げ、海岸沿いに広がる旅館街は昭和のリゾート文化の象徴ともいえる光景が広がる。

熱海

昭和34年に熱海城（下）が建築され、隣には宿泊施設も設けられていた。昭和37年公開の『キングコング対ゴジラ』の舞台にもなった。

伊豆

伊豆では船による海上レジャーも盛ん。ガラス張りの船底から海の中を見ることができる龍宮丸などの船が運行されていた。

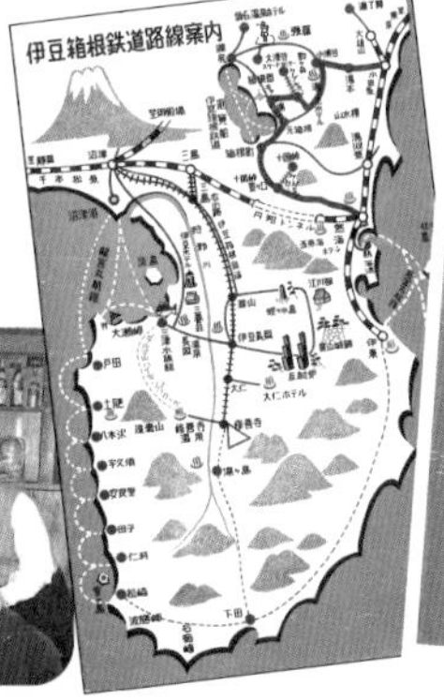

伊豆には様々な種類の温泉があり、それぞれが特色を持っている。伊東駅（下）の駅舎は今でも当時のレトロな雰囲気が残っている。

（左）下田港は江戸末期の日米和親条約により日本最初に開港した港町。（上）民謡『下田節』を踊る女性。かつては宴会のときなどによく歌われた。

修善寺温泉の川の中に湧き出す独鈷の湯（左）は伊豆最古の温泉ともいわれる。以前は湯に入ることができたが、現在は入浴禁止となっている。

鎌倉 江ノ島

神奈川の鎌倉・江ノ島エリアは歴史と自然が融合した観光地。鎌倉大仏などの寺社仏閣が点在し、江ノ島では海水浴などの海のレジャーも楽しむことができる。昭和30年頃から多くの人々が集まる一大観光地となった。

鎌倉

鎌倉大仏はこの地域を代表する観光スポット。鶴岡八幡宮（下左）なども有名で、いつの時代も観光客は必ず立ち寄る場所となっている。

江ノ島

(上)江ノ島の入口、江の島弁天橋。以前は上の写真のように歩行者専用の橋しかなかったが、昭和37年に自動車専用の江ノ島大橋が完成した。

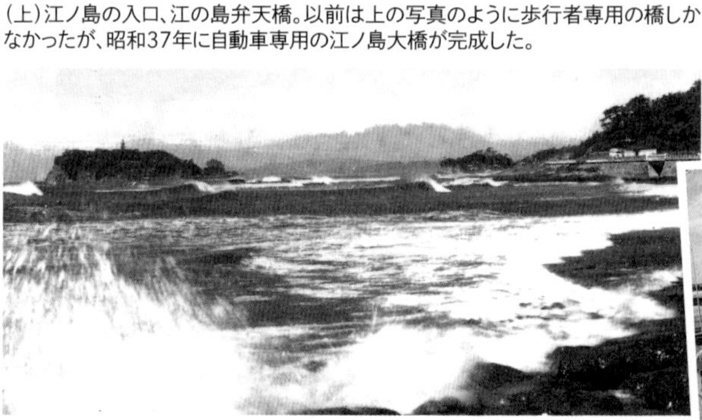

昭和34年、藤沢はマイアミビーチと姉妹都市提携を結び、江ノ島は「東洋のマイアミビーチ」とも呼ばれるようになった。

(上左)二子玉川園にあった遊戯施設を解体移設して昭和26年に造られた江ノ島展望塔。当初は「平和塔」という名前だった。

昭和29年に江ノ島水族館がオープン。昭和32年にはマリンランドが造られた。連日多くの観光客で賑わい、江ノ島名所の仲間入りをした。

伊勢志摩

三重に位置する伊勢志摩。一番の目玉はやはり伊勢神宮だが、真珠の産地として有名であったり、鳥羽水族館などのレジャー施設があったりと、様々な楽しみ方ができる。また、二見浦などの自然も美しく、歴史、文化、自然が三位一体となった魅力的な観光地だ。

二見浦の夫婦岩は古くから日の出遙拝所としても信仰されてきた。古代の日本を思わせる神秘的な光景が広がる。

(右下)海に面した鉄の建築物は鳥羽駅前にかつてあった日和山エレベーター。昭和49年に鳥羽駅の火災に巻き込まれ廃止。昭和57年に撤去された。

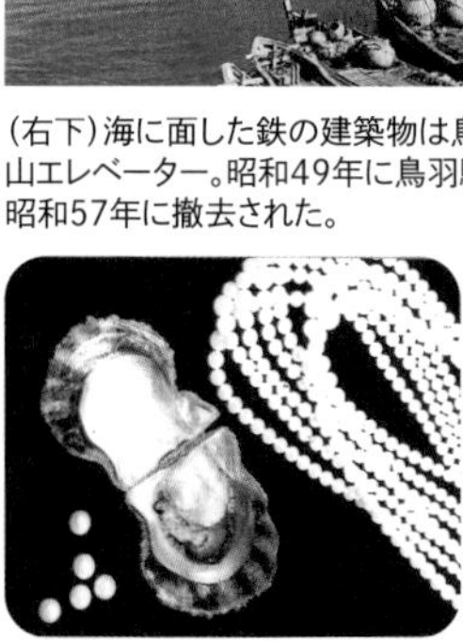

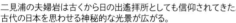

伊勢志摩は海女文化の発祥地ともされており、海女の見学も観光の目玉の一つとなっている。素潜りで海に入り、真珠やアワビなどを採る姿には風情も感じる。

鳥羽水族館では、この時代としては先進的な施設を備えた本格的な水族館として人気の観光スポットとなった。建物の形も近未来的でユニークだ。

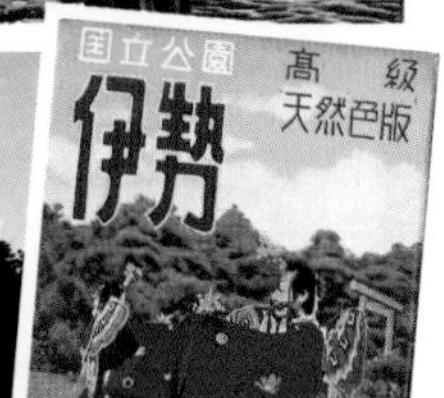

日本人の観光の原点ともいえるお伊勢参り。日本の文化や歴史が感じられるスポットとして、昔も今も参拝客が絶えない。

日光

日光は古くから観光地として有名で、全国各地から多くの人が訪れるスポットだった。日光東照宮を中心に、神秘的な滝や湖、美しい山々、そして温泉と、あらゆる楽しみが揃った観光地である。昭和のスキーブームではスキー客も多く訪れ賑わった。

日光のパンフレットには朱塗りの橋「神橋」の姿が描かれていることが多い。日光の社寺の入口にあたる場所で、名勝として讃えられる。

徳川家康を祀る日光東照宮。荘厳な建築美を見ることができ、建物の装飾として施された眠り猫や三猿は愛らしさが人気となっている。

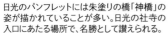

中禅寺湖のボート遊びも古くから名物となっている。中禅寺湖付近は明治から昭和初期にかけては外国人の避暑地としても賑わっていた。

日本三名瀑の一つとして知られる華厳滝。華厳滝の下流、華厳渓谷には遊歩道があり、昭和20年代頃はハイキングコースとなっていた。

戦前から営業していた明智平ロープウェイは、戦時中一時営業を休止し、昭和25年から再開した。華厳滝や中禅寺湖、男体山の絶景が楽しめる。

大阪

昭和30～40年代、大阪万博の開催などもあり、飛躍的な発展を遂げた大阪。万博開催に向けて鉄道や道路の整備が急ピッチで進められ、観光地へのアクセスも大幅に向上。西の都としてさらなる賑わいをみせた。その発展の影響は現代にも色濃く残っている。

大阪のシンボル・通天閣。かつては展望食堂などもあった。昭和40年頃は巨大な体温計のような「寒暖計」が側面に設置されていた時期もあった。

大阪万博

昭和45年、「人類の進歩と調和」をテーマに開催された日本万国博覧会（大阪万博）。未来志向のパビリオンが多数建設され、世界各国の新技術や文化を結集して展示した。アジア初の万博として、数多くの人が訪れた。

昭和30〜40年代に高速道路が次々と開通。大阪へのアクセスが格段によくなった。当時の絵はがきには発展の象徴として高速道路の写真がよく使われている。

(左)写真は大阪の大動脈・御堂筋。この時代から車が多い。(上)新大阪駅。昭和39年の東京オリンピックの開催に合わせ、東海道新幹線の終点駅として開業した。

(上)大阪観光の定番である道頓堀の『グリコ』の看板。写真は昭和38年に完成した二代目。中心部から噴水が出る仕掛けもあったのだとか。

名古屋

名古屋城や熱田神宮に代表される歴史的な観光スポットと、近代的な都市が融合する名古屋の街。名古屋港は、取扱貨物量日本一を誇る。飛躍的な戦後復興を遂げ、昭和32年には地下鉄も開通。独自の文化と経済が同居する多面的な都市である。

戦時中に空襲で焼け、昭和34年にコンクリート製で再建された名古屋城。名古屋の象徴ともいえる存在で、昔も今も人々に愛されている。

(上)「熱田さん」の名で市民から親しまれている熱田神宮。三種の神器の一つである「草薙神剣」を祀る。(右上)空襲で焼失した大須観音を仮本堂として復興したもの。

名古屋の交通の要衝、名古屋駅。かつて、駅前のロータリーには巨大な噴水があった。駅構内には早川浴場という銭湯もあり、市民に親しまれていた。

(上)昭和29年に完成した名古屋テレビ塔。完成当時は東洋一の高さの建築物といわれた。(左)栄の街は夜になるときらびやかなネオンに彩られた。

戦時中、一時営業を停止した東山動物園(右)も終戦後に営業を再開。昭和39年には園内にモノレールが設けられ、未来的な姿を披露した。

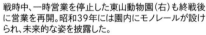

長崎

異国情緒溢れる長崎の街は、古くから九州でも特に人気の観光地となっている。港町として海外との交流が盛んで、数々の歴史的な出来事を経て発展してきた土地である。終戦後は戦争と平和を考える場所として修学旅行でもおなじみのスポットになっている。

長崎の平和祈念像は原爆の犠牲者を追悼し、世界平和を願う象徴として昭和30年に建築された。制作資金は国内外からの寄付によって集められた。

グラバー園やオランダ坂、そして長崎の各地にある教会など、一歩足を踏み入れると、異国の雰囲気が味わえるスポットが多い。

世界三大夜景としても名を馳せる長崎の夜景。稲佐山やグラバー園からの展望は特に絶景。崇福寺（下）や眼鏡橋（左）なども長崎では必見のスポットだ。

雲仙は火山活動が生んだ壮大な地形と、その恵みである温泉が名物。昭和32年には周囲の山々を望むことができる雲仙ロープウェイも開通した。

長崎第二の都市である佐世保。東洋一のアーチ橋と呼ばれた西海橋（下）は、昭和30年に日本初の有料道路橋として完成した。

長野

自然美を活かしたリゾート地が多く存在する長野。軽井沢などは古くから避暑地として知られる観光地であったが、高度経済成長期以降はスキーリゾートの開発も盛んに行われ、都心から多くの若者が訪れるようになった。

軽井沢の美しい自然環境は文豪などの著名人たちも虜にした。昭和40年代にはジョン・レノンも滞在し、軽井沢の雰囲気に魅了されたという。

昭和32年、現在の上皇ご夫妻の馴れ初めの地となった軽井沢のテニスコートは、ロマンスの場所として知られるようになった。

四季折々の風景が楽しめる志賀高原。スキーリゾートとしても有名だが、ハイキング、温泉、キャンプ場などでも知られている。

諏訪には緩やかな起伏で広大な景色が続く霧ヶ峰高原などがある。グライダー発祥の地としても知られ、古くからグライダーが飛ばされている。

標高1200mにある戸隠高原はキャンプ場が有名。昔も今もテントやバンガローでキャンプを楽しむ人々が絶えない。

北海道

昭和47年開催の札幌オリンピックの影響で、札幌市営地下鉄などの交通インフラが進化し、都市機能も飛躍的に向上。さらに、雄大な自然などの観光資源も豊富で、それらを最大限に活かした多様な観光スタイルが楽しめる土地として、確固たる地位を築いている。

札幌の商店街「狸小路商店街」は多くの人で賑わう。昭和30年代にアーケード商店街となり、「横のデパート」とも呼ばれた。

北海道はリゾート地も複数あり、それぞれの地域が季節によって様々な表情を見せる。酪農体験など北海道ならではの観光スタイルも楽しめる。

港ならではの異国情緒溢れる街並みは函館ならでは。また、函館山からの美しい眺望は全国的にも知られている。昭和33年にはロープウェイも開業し、訪れる観光客が急増した。

両サイドを海に挟まれた地形が生み出す美しい函館の夜景。絵はがきやパンフレットには必ずといっていいほど掲載されている、函館を代表する絶景だ。

伝統ある北海道の文化もこの地域ならでは。阿寒湖のマリモは昭和27年に国の特別天然記念物に指定され、かわいいフォルムが話題となり、マリモブームが巻き起こった。

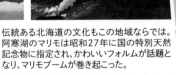

憧れの大都会！ 東京観光

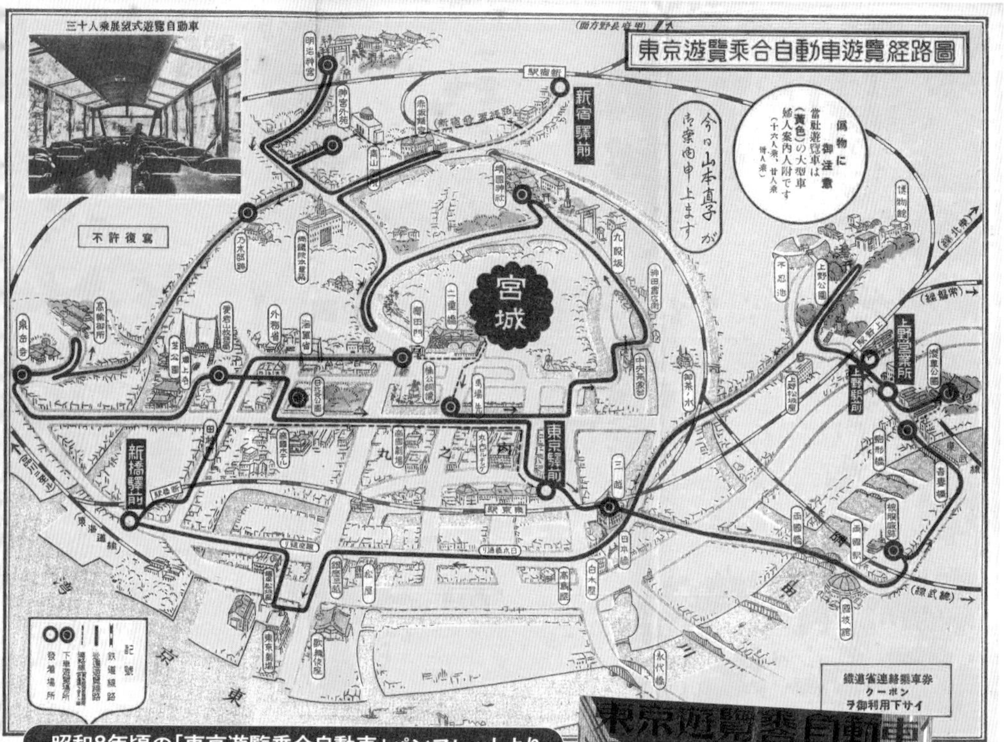

昭和8年頃の「東京遊覧乗合自動車」パンフレットより

東京遊覧乗合自動車は、大正14年に日本で初めて定期観光バスの運行を行ったバス会社。上野を出発点に、東京駅や皇居、靖国神社、明治神宮、泉岳寺、日比谷公園、日本橋、浅草などを一日かけて巡るコースだった。バスは30人乗りで、車内から景色がよく見えるように天窓が設けられていた。

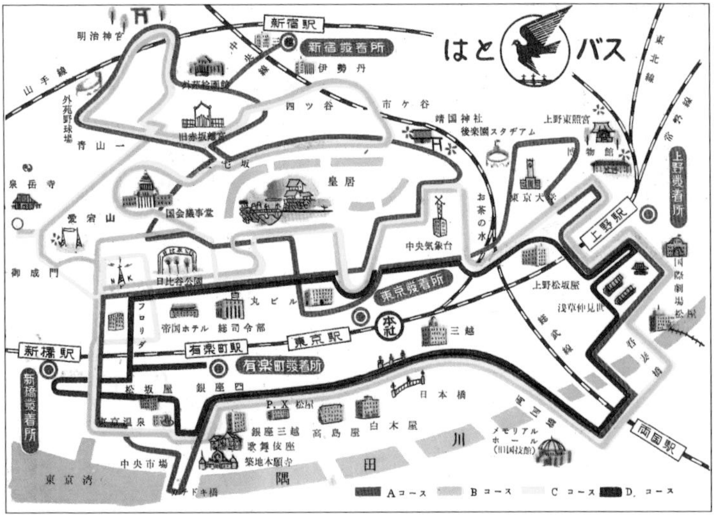

昭和27年頃の「はとバス」パンフレットより

昭和20年代、はとバスの定期観光バスA～Dコースの路線図。今でも定番の観光地が多いが、渋谷などはまだ観光地に組み込まれていない。地図内の「総司令部」はGHQ(連合国軍最高司令官総司令部)が入った第一生命館。これらの施設も定期観光バスの見学コースとなっていた。

(昭和27年頃)

東京の観光

東京は日本の中心であるとともに、観光地としても魅力溢れる街。近代的な建築物が並ぶ丸の内、銀座の華やかな百貨店に夜のネオン、下町風情のある浅草の街並み、皇居を中心とした歴史的なスポットなどなど……。関東大震災や東京大空襲による、街が崩壊する悲劇も乗り越え、発展を続けてきた東京の街は、いつの時代も人々を惹きつけてきた。戦後復興を遂げた昭和20年代後半頃から、東京には本格的に観光客が訪れるようになった。この時代、東京の観光には「はとバス」による定期観光バスが人気で、Aコース(半日観光コース)、Bコース(中間観光コース)、Cコース(一日観光コース)、Dコース(夜間観光コース)など、様々なニーズに合わせた観光バスが運行されていた。

高度経済成長期に突入すると東京の人口は急増し、昭和38年には1000万人を突破。昭和39年の東京オリンピック開催なども影響して街はさらに発展を続け、東京を訪れる人は飛躍的に増加していった。

二重橋（皇居）

丸の内ビル街遠望

歌舞伎座

銀座

昭和20年代の銀座。この時代、流行の最先端は銀座であった。時計塔のある服部時計店はGHQに接収され、P.X.（米軍の日用品を取り扱う店）となっていた。写真下部には米国の国旗も掲げられている。

(昭和27年頃)

昭和30年代頃の「はとバス」パンフレットより

はとバスでは様々な定期観光バスのコースを増設し、時代とニーズに合わせた東京観光を実施していた。「外人コース」など、海外からの観光客専用のコースも設けられていた。また、はとバスではバスガイドによる案内も名物で、昭和30年代、バスガイドは女性の憧れの職業となっていた。

(昭和32年頃)

(昭和34年頃)

(昭和38年頃)

(昭和39年頃)

昭和40年頃の
オトナの東京観光

昭和40年頃の「はとバス」パンフレット
『夜の東京遊覧』より抜粋。

銀座西5番街

歌舞伎町界隈

はとバスの定期観光バスでは日中の観光だけではなく、ネオン輝く夜の街を巡る「夜間コース」も設けられていた。眠らない街・東京ならではの大人の観光スタイルだ。

日比谷公園噴水

赤坂インターチェンジ

渋谷道玄坂付近

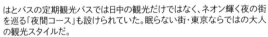

浅草映画街

『国際劇場』ステージ

キャバレー『ハリウッド』

キャバレー『ミカド』

吉原『松葉屋』

『鈴本演芸場』

不忍池

夜間コースには日本の伝統に触れる「夜のお江戸コース」や東京タワーの夜景などが楽しめる「夜の羽田タワーモノレールコース」、野球観戦ができる「巨人戦野球コース」などがあった。キャバレーなどが組み込まれた「東京ナイトコース」は食事や酒も付いていて、東京の夜を満喫できるコースになっていた。

歌ごえ喫茶『灯』

カフェ『シャンゼリゼ』

column 2

目的地までの道のりも楽しい 旅の交通

旅と交通は切っても切れない関係。交通の発展は観光地の発展にも密接に関わっている。高度経済成長期は、全国各地で鉄道や高速道路などの交通網が急速に向上していった時代でもある。ここでは昭和時代、旅の楽しみの一つでもあった交通を振り返る。

道路

高度経済成長期には高原のドライブウェイの敷設により、観光の幅は大きく広がった。自家用車の普及とともに一家で車に乗って出かけるというスタイルが定着していった。

美しい景色が眼下に広がる! 運転も楽しみの一つとなった

昭和37年開通の蔵王エコーライン。宮城と山形をつなぐ山岳道路で、春には雪の壁、秋には美しい紅葉が見られることでも有名。

高速道路の発展は、街と街の距離をぐっと縮めた。それまでは宿泊を前提とした遠方への旅も、日帰りの気軽な旅へと変わった。当時高速道路は、絵はがきにされるほど目新しいものだったのだ。

旅の楽しみの一つ
ドライブインで一休み

ドライブイン

車でのレジャーが一般的になると、各地にドライブインが登場しはじめる。ただの休憩スポットだけでなく、ドライブイン自体が巨大なレジャー施設になっている場合も多かった。

ドライブインには観光バスもよく立ち寄ったので、団体客に対応できるように大食堂や大広間を設けている施設も一般的だった。

観光バス

のんびり優雅に！
豪華バスの旅

観光バスに乗って旅をするスタイルも昭和ならでは。各社が観光バスにあらゆる工夫を凝らして客を魅了した。岐阜バスの王室シリーズはシャンデリアの付いた豪華な造りで、音楽と洋酒を楽しみながら旅を満喫できた。

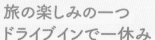

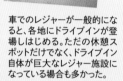

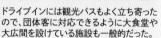

憧れの空の旅
雲の上はもう一つの世界

昭和30〜40年代は飛行機での旅行が普及していった時代。とはいえ、まだまだ特別感のある体験で、パンフレットなどからはワクワク感が伝わってくる。

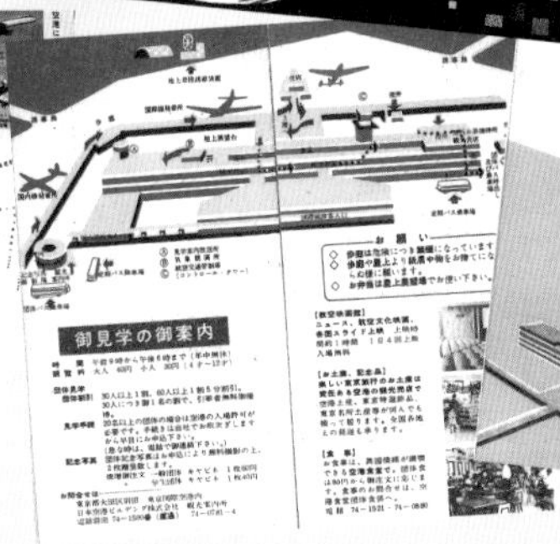

羽田空港では有料での見学会も行われていた。空港や飛行機を見学するだけでなく、空港内の映画館で航空に関する映像やスライドの上映なども行われていたようだ。

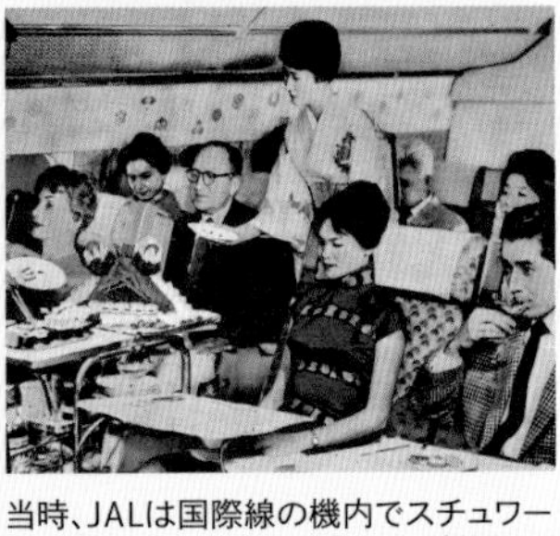

戦後、米軍に接収されて朝鮮戦争の出撃拠点となっていた板付基地は、後に大部分が返還され、福岡空港として営業を開始。国内外へ多くの旅行客を運んだ。

当時、JALは国際線の機内でスチュワーデス（キャビンアテンダント）が着物でサービスをする演出を行っていた。

昭和の時代は船旅も一般的だった。高速化、大型化が進み、個性豊かな船が登場した。車を積み込める船も登場し、旅行の幅が広がった。

船旅で感じる
海の上の冒険!

船旅では海に囲まれた日本ならではの景色が堪能できる。開放的なデッキから見る島々と青い海は今も昔も人々を楽しませる。

黒煙を上げて津軽海峡を航行する青函連絡船は、とても旅情を感じさせる。今は船の進化によって煙突から煙を上げる姿は見られなくなった。

PART 2

何度でも訪れたい！ 娯楽のパラダイス!!

レジャー施設

敗戦からの復興で飛躍的な発展を遂げ、日本がまさに高度経済成長期に突入した昭和30年代。東京オリンピックの開催に向けた建設ラッシュ、全国各地の道路や鉄道網の整備、住宅団地の開発など、街はガラリと姿を変え、戦後躍進の時代となる。

国民所得倍増計画の後押しも功を奏し、人々の生活にも一段と余裕が生まれていった。一般庶民でもマイホームを建て、家の中にはテレビ、冷蔵庫、洗濯機など、ありとあらゆる家電製品が取り揃えられた。そういった物質的な豊かさを手に入れると同時に、余暇を過ごす時間的な余裕も生まれた。マイカーが一般に普及すると、休日は家族で出かけて楽しむというライフスタイルが定着していく。

すると、人々が余暇を楽しむためのあらゆるレジャー施設が日本全国に誕生していくこととなった。遊園地、プール、温泉、動物園、水族館、スキー場などなど、休日にはマイカーでレジャー施設を訪れて楽しんだ。昭和30年代中頃には

「レジャー」という言葉が流行し、本格的なレジャーブームが到来する。施設のほうはどんどん巨大になり、また、多様化していった。この当時の写真を見てみると、どの施設も驚くほど大規模で、大変賑わっていたことがわかる。

　昭和30年代からやや時代が下るが、昭和42年に森永製菓から『エールチョコレート』という板チョコが発売される。従来の板チョコよりも一回り大きい商品で、「大きいことはいいことだ」というキャッチコピーのCMが人気となった。慎ましく謙虚な姿が美徳とされていた日本も経済大国の道を歩みつつあるので、胸を張って「大きいことはいいことだ」と主張しよう！　そういったコンセプトの元で開発された商品で、高度経済成長期の日本を映したようなフレーズだった。

　この時代のレジャー施設は、まさに「大きいことはいいこと」を地で行くような施設が目白押しだ。そんな繁栄の象徴ともいえるレジャー施設を見ていこう。

家族みんなで
一日中遊べる!!

総合レジャー施設

昭和30年代以前のレジャー施設というと、例えばボウリング場ならボウリングだけ、温泉施設なら温泉だけ、といった具合に、それぞれのレジャーが別個に存在していた。しかし、昭和30年代頃からは、遊園地や温泉、プール、ゲームセンター、スポーツ施設、飲食店、さらには劇場や宿泊施設など、あらゆる娯楽が複合的に楽しめる巨大なレジャー施設が各地に作られていった。こうした巨大複合施設のパンフレットには「一日中遊べる」といったキャッチコピーがよく見られる。まさに昭和を代表する娯楽の殿堂ともいえるのが総合レジャー施設である。

千葉の船橋にあった『船橋ヘルスセンター』。広大な敷地内にありとあらゆる娯楽が集結していた。キャッチフレーズは「12万坪の海辺に1万坪の白亜の温泉デパート」。

広大な敷地内に詰め込まれたエンターテイメント！

遊園地やゲームセンターのように子どもが楽しめるものはもちろん、サウナや演芸ホール、宴会場、土産物屋など、大人が楽しめるコンテンツもふんだんに盛り込まれた。

温泉を中心とした総合レジャー施設は、全国各地の温泉地に建設された。一日中娯楽を楽しんで、最後は温泉にゆっくり入り、ホテルで疲れを癒す。そこはまさに楽園だ！

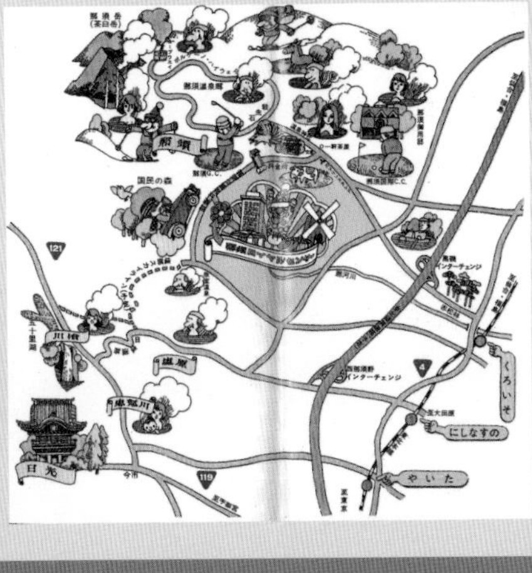

一年中楽しめる！温水プール

たくさんの人で賑わっている船橋ヘルスセンターのプール。水着ショーなども開催されていたという。船橋ヘルスセンターは映画のロケ地としてもよく使われた。

広いプールに滑り台や飛び込み台など、楽しい設備がたくさん。そして、プールサイドには喜ぶ子どもを見守る親たちの姿。まさに昭和のレジャーの光景だ。三重の『ナガシマスパーランド』は東海地区でも最大の複合レジャー施設で、室内、室外に複数のプールが設けられた。湧き出る温泉をプールにした施設も。

癒しと華やかさ
大浴場

この時代は温泉設備の巨大さ、豪華さも凄い。どの施設も贅を尽くした特徴的な意匠が華やかさを演出していた。数百名が一度に入浴できる大浴場も珍しくなかった。

室内温泉に熱帯植物を繁茂させ、まるでジャングルの川を泳いでいるような体験ができる「ジャングル風呂」もこの時代に流行し、全国各地の温泉施設で採用された。噴水や滝などを設ける大浴場も多く、入浴の楽しさがより引き立てられた。海辺に建てられた施設では、窓の外に広がる海の絶景を眺めながら温泉に浸かることができた。

レジャーの王道
遊園地

プールや大浴場だけでなく、遊園地を併設する施設も多かった。ちょっとした遊戯施設というようなものではなく、設置されているものはどれも本格的。ジェットコースターやメリーゴーランド、ゴーカート、ティーカップ、観覧車など様々なアトラクションで大人も子どもも楽しむことができた。

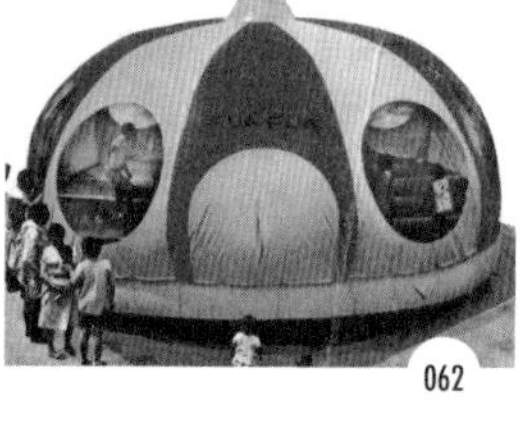

お待ちかね！ショータイム

劇場を備えたところが多かったのも昭和のレジャー施設の特徴。バンドの生演奏や歌劇、日本舞踊などの出し物が披露され、訪れた人を楽しませた。

まだまだ盛りだくさん！お楽しみいろいろ

そのほかにもゲームコーナー、射的、映画館、レストラン、バーなど、ありとあらゆる娯楽が詰め込まれた。昭和30年代後半には日本にボウリングブームが到来した影響もあり、ボウリング場も総合レジャー施設の定番となった。10レーン以上ある本格的なボウリング場を備えたところも多かったようだ。

日本の総合レジャー施設の先駆け

宝塚ファミリーランド

1911(明治44)年～2003(平成15)年

宝塚ファミリーランドのパンフレット。園内の案内図を見てみると、広大な敷地内にありとあらゆる施設があったことがわかる。

総合レジャー施設が数多く誕生したのは昭和30年頃からだが、『宝塚ルナパーク』(『宝塚ファミリーランド』のルーツとなる施設)はそれよりもかなり早い時期から総合レジャー施設として運営されていた。明治時代に開業した宝塚新温泉をルーツとして、大正～昭和初期にかけて劇場や遊園地、動物園などが併設され、総合レジャー施設化していった。昭和30年代には隣に大浴場や宿泊施設を備えた『宝塚ヘルスセンター』もオープンし、一帯が巨大レジャー施設となっていった。

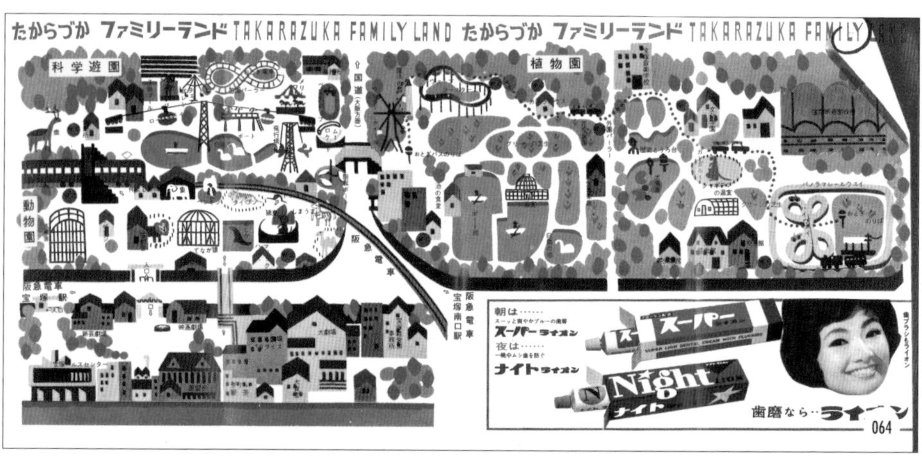

大阪万博（EXPO'70）の頃の『宝塚ファミリーランド』の様子。この時代ならではの、カラフルでスペーシーな雰囲気が漂っている。武庫川を利用した宝塚レークのボート遊びも人気だった。

宿泊施設も併設！

大劇場では宝塚歌劇を上演。1000人収容の大広間や大食堂、七色の噴水浴場や日本最初の超音波温泉は『宝塚ヘルスセンター』の自慢の一つだった。

行川アイランド

千葉県勝浦市
1964(昭和39)年～2001(平成13)年

フラミンゴなどの鳥類を中心に、熱帯の動植物がテーマの施設。音楽に合わせて約100羽のフラミンゴが行進するフラミンゴショーが名物で、観客を楽しませた。『仮面ライダー』など戦隊モノのロケ地としても有名で、行川アイランドが映る作品は数多く残されている。「行川アイランド」の名前は閉園後も駅名として残っている。

かしいかえん

福岡県福岡市
1938(昭和13)年～2021(令和3)年

西日本鉄道が運営していた、花の遊園地がテーマの施設。ジェットコースターや観覧車などのアトラクションのほか、園内にはバラのトンネルやダリヤの花畑など、多彩な花が楽しめた。パンフレットに掲載されている写真も色とりどりの花が咲き乱れていて美しい。0系新幹線をモチーフとした豆電車も時代を感じさせる。

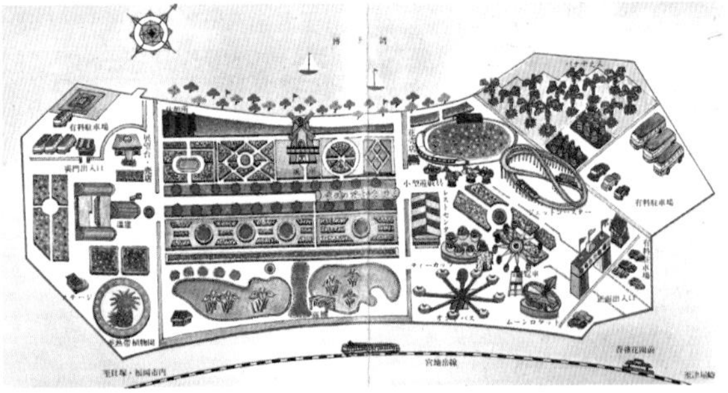

奈良ドリームランド

奈良県奈良市

1961(昭和36)年～2006(平成18)年

元々はディズニーランドの日本誘致を目指して企画された奈良ドリームランド。契約上の問題などでディズニーランドの誘致は叶わなかったものの、日本独自の「夢の国」が誕生した。「未来の国」「幻想の国」「冒険の国」「過去の国」「メインストリート」の5つのエリアで構成され、園内には機関車やモノレールも走っていた。

ユネスコ村

埼玉県所沢市

1951(昭和26)年～2006(平成18)年

日本がユネスコ(国際連合教育科学文化機関)に加盟したことを記念して開園。トルコ、インドネシア、ニュージランドなど、世界の様々な国の建物や文化が小さめのスケールで再現され、オランダの風車はユネスコ村のシンボルになっていた。野外劇場はアイドルのコンサート会場としてもよく使われたという。

かごしま熱帯植物園・かごしま国際ジャングルパーク

鹿児島県鹿児島市

1971(昭和46)年～2006(平成18)年

11棟のガラス張りの大温室が建てられ、世界中の熱帯植物が展示された植物園。ヤシ、バナナ、パパイヤなどからサボテンに至るまで、珍しい植物を楽しむことができた。昭和47年には天皇・皇后両陛下も訪問した。隣接する『かごしま国際ジャングルパーク』には遊園地やボウリング場、民芸館、サウナ、結婚式場まで備えていた。

鴨池マリンパーク

鹿児島県鹿児島市
1972(昭和47)年〜1993(平成5)年

桜島を望む与次郎ヶ浜に建てられた、高さ約48mのタワー。海中の魚を見ながら食事ができる海中レストランや、錦江湾の絶景を楽しめる空中喫茶が目玉だった。タワーの上に付けられたシンボル球はアルミ製の32面鏡で、太陽光を受けて七色に輝いたという。隣には釣り堀や、ボート遊びができる施設も設けられていた。

ひめゆりパーク

沖縄県糸満市
1983(昭和58)年〜2005(平成17)年

広さ10万㎡にも及ぶ、西部開拓時代を彷彿とさせるサボテン園。園内は全長2.5km、10万トンもの琉球石灰岩を使った擁壁で囲まれていた。サボテンやガジュマルなどの植物で溢れ、レストランやインディアンに関する展示室も備えていた。サボテンアイスクリームなど、ここでしか食べられないオリジナルグルメも楽しめた。

大型プールがあるレジャー施設の絵はがきとパンフレット。施設内は常夏のリゾートの雰囲気が再現されていて、写真を見ているだけでも楽しいムードが伝わってくる。

夏のレジャーの定番！ 大人から子どもまで楽しめる

大型プール

夏のレジャーの代表格といえば、やっぱりプール！昭和40年代頃には『東京サマーランド』や『常磐ハワイアンセンター』などの巨大なプールを備えたリゾート施設が各地にオープンした。昭和40年代というと、和田弘とマヒナスターズや加山雄三などに代表されるハワイアンブームが到来した時代。これらのレジャー施設でもリゾート感たっぷりのハワイアン音楽やダンスが披露された。

東京サマーランドの波の出るプール。東洋初の屋内の波の出るプールとして話題になった。そのほかにも、様々なウォーターアトラクションで楽しませてくれる施設だ。

北海道の洞爺湖にあった洞爺サマーランド。バスターミナルに併設されたレジャー施設だったが、残念ながら数年で閉業となった。

これらのレジャー施設ではプールだけでなく、ゲームコーナーや遊園地、ショッピングセンターなど、あらゆるものが楽しめた。

この時代、スキー板やスキーウェアなどの技術的な進歩で、スキー未経験者でも気軽にウィンタースポーツを楽しめるようになったこともブームの要因の一つだった。

広大なゲレンデで
冬のレジャーを満喫！

スキー場

戦前より、スキーは日本におけるウィンタースポーツとして楽しまれてきたが、昭和30年代後半、若者の間でスキーブームが到来する。スキー場への交通手段が充実してきたことや冬季オリンピックにおける日本人選手の活躍、スキーをテーマとした映画の公開などがブームを後押しした。スキー場の周辺にはペンションが建ち、全国各地に数々のスキーリゾートが開発されていった。

越後湯沢は良質な雪に恵まれ、美しい谷川連峰の景色を一望できる。同時に温泉も楽しめるスポットとして、日本有数のスキーリゾートとなった。

スキーブームの影響で各地のスキー場には多くの人が集まり、リフトには乗車待ちの行列ができるほど賑わっていた。

好奇心を満たす！
ワクワクがいっぱい！

テーマパーク

昭和に誕生したテーマパークは、実に多種多様でマニアックなものをテーマとした施設も多かった。動植物をメインにしたものを中心に、アウトドア系のものから最先端科学を取り扱ったものまで、人々のあらゆるニーズに応え、好奇心を満たすテーマパークが全国各地に作られた。今度の休日はどこに出かけよう、そう迷ってしまうようなワクワクがいっぱいのテーマパークをご紹介。

昭和34年に開園し、今でも現役のサボテンがテーマの公園。巨大な鳥の建物は『仮面ライダー』のショッカーのアジトとしても使われた。

洋ランが咲き乱れた『伊豆洋らんパーク』。ゲームコーナーやバーベキュー、温室内にジュースコーナーなどがあり家族で賑わった。

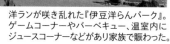

昭和33年開園の熱川バナナワニ園。温泉熱を使ったワニの飼育が行われている。たくさんのワニが群がる光景は圧巻！

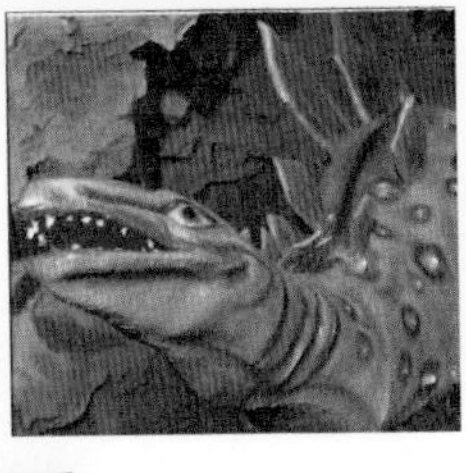

迷路のように入り組む大鍾乳洞を体験できる『郡上八幡サンパークランド』。遊園地もあり、恐竜のオブジェなども子どもたちを喜ばせた。

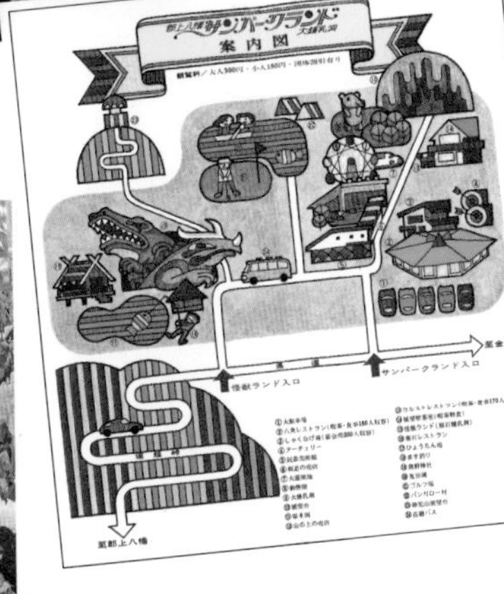

数多くのベゴニアが咲く『天城高原ベゴニアガーデン』。植物をメインとしたものは昭和のテーマパークの定番だった。

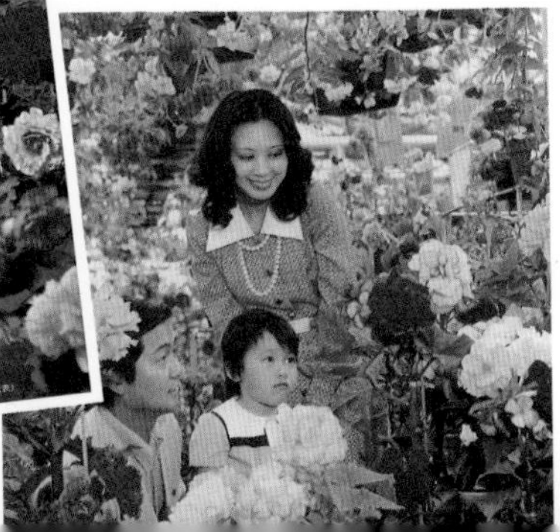

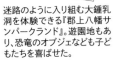

石鎚連峰のふもと四国路の新名所 りんりんパーク

愛媛県にある錦鯉の公園。ドライブレストランも併設し、お遍路さんの立ち寄りスポットとしてもよく使われる。

長崎と共に260年
透明なコバルトブルーの世界
館内に海亀が泳いでいる……
べっ甲資料館
江崎べっ甲店
YEZAKI
Tortoise-shell Craft Inc.
7 uono-machi, nagasaki
☎0958 ㉒ 0328

べっ甲資料館
江崎べっ甲店

日本で最も古いべっ甲店だった長崎の江崎べっ甲店に併設されたべっ甲資料館。貴重な品々の展示のほか、べっ甲制作の様子が見学できた。

いま、話題の
フィールドアスレチック
日本フィールドアスレチック協会公認第29号
恵那峡ランドコース

遊園地恵那峡ランドの自然豊かなフィールドアスレチック場。木曽川を渡る丸いフォルムが特徴の恵那峡ロープウェイも名物だった。

奈良の生駒山上遊園地内にあった『生駒山宇宙科学館』。UFOに似た特徴的な形の建物が時代を感じさせる。

戦前開業の生駒山上遊園地。園内の飛行塔は現存する日本最古の大型アトラクションといわれる。遊園地下の宝山寺も観光スポットとして有名。

生き物を間近で楽しむ！
ショーやイベントも楽しい
水族館・動物園

昭和初期の水族館や動物園は官営が中心で、アカデミックな内容が主なものだったが、昭和30年頃になると、民営で娯楽性の高い施設が登場しはじめる。昭和29年、日本で最初の近代的な水族館として『江の島水族館』が開館し、昭和32年には二番館として『江ノ島水族館マリンランド』が開館。東洋一といわれた大プールで日本初のイルカショーが開催されるなど、現在につながる施設の幕開けとなった。

（上）千葉の『鴨川シーワールド』と、隣にあった高さ52mのスカイタワー。回転昇降式のタワーから外房の景色を一望することができた。（下）『江ノ島水族館マリンランド』。

ダイナミックな技が披露される水族館のイルカショーは、いつの時代も水族館の人気イベントとして楽しまれている。

『江ノ島マリンランド』はプールを囲むように客席が配置されている。新水族館建設のために平成14年に閉館した。

昭和30年に開館した三重の『鳥羽水族館』。文部省指定水族館で、修学旅行生も数多く訪れた。昭和50年には昭和天皇・皇后両陛下も訪問した。

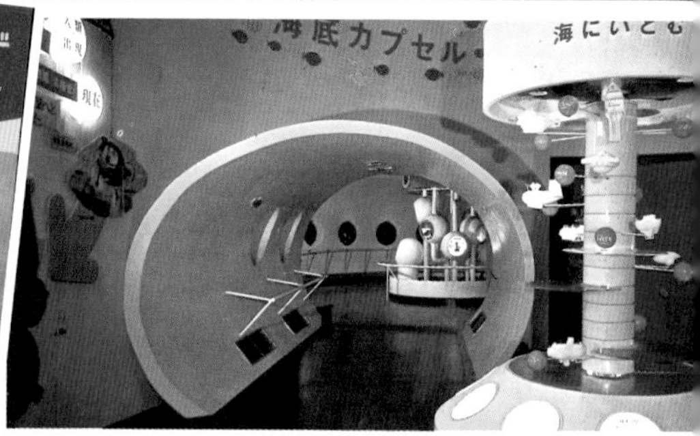

近鉄グループが運営していた『志摩マリンランド』。回遊水槽で行われる海女によるサメやブリの餌付け実演が名物だった。

昭和30年、備中松山城近くにオープンした『臥牛山自然動物園』。サル専門の動物園で、愛らしいサルたちが人々を楽しませた。

戦後復興から昭和30年代頃にかけて、各地の動物園には国内外の珍しい動物が数多く集められた。

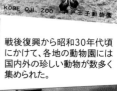

その街の絶景を堪能！
昭和生まれの
タワー・展望台

昭和20～30年代、内藤多仲の設計によるタワーが全国の都市に次々と建てられた。名古屋テレビ塔、通天閣、別府タワー、さっぽろテレビ塔、東京タワー、博多ポートタワーのいわゆる「タワー六兄弟」はいずれも現役で、昔も今も街のシンボルとして時代の流れを見つめてきた。タワー六兄弟を中心に各地の昭和生まれのタワーや展望台を眺めてみよう！

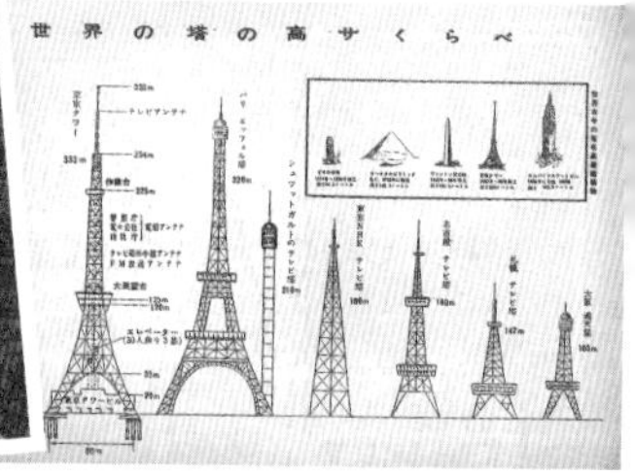

（上）東京のシンボルであり、まさに時代の象徴ともいえる東京タワー。昭和を代表する建造物の一つとして親しまれている。（下）名古屋テレビ塔は内藤多仲による設計のタワーの中で最も古く、昭和29年に建てられた。完成当時は東洋一の高さを誇り、展望台からの景色は人々を驚かせた。

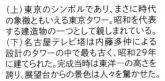

昭和31年に建てられた現在の通天閣は、実は二代目。大阪観光では定番中の定番で、タワーに表示される日立のネオンサインも名物だ。

（上）戦時中の火災により消失した、初代通天閣。

博多ポートタワーの展望台は、かつて回転レストランとして営業していた。隣接するレジャー施設、博多パラダイスも人気だった。

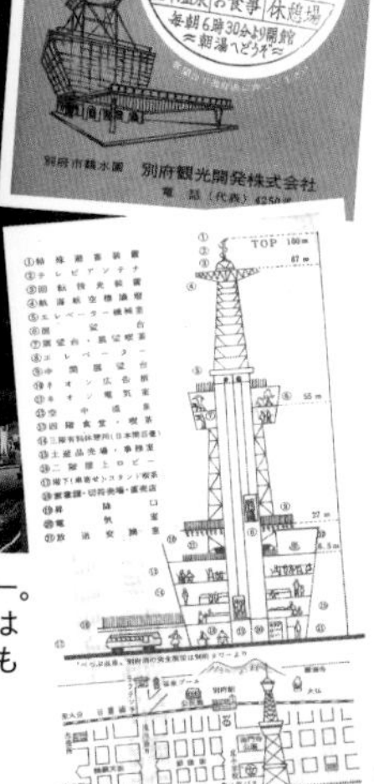

別府の温泉街にそびえ立つ別府タワー。土産物売り場や食堂のほか、かつてはタワー内に空中温泉という温泉施設もあった。

さっぽろテレビ塔は、塔内にプラネタリウムや映画館も備えた複合レジャー施設として楽しまれた。昭和36年には展望台下に電光時計も設置された。

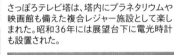

昭和39年に開業し、函館の新名所となった五稜郭タワー。高さ60mの展望台からは五稜郭の星型の城塁を見渡すことができる。

右から京都タワー、横浜マリンタワー、大阪タワー、神戸ポートタワー。いつの時代も、タワーは観光名所として、そして街のシンボルとして親しまれてきた。

昭和40年代半ば以降、海中展望塔も各地にオープンした。人々の好奇心は展望塔の上からの景色だけに収まらず、未知の海中にも向かった。

温泉大国ニッポン！ 昭和の温泉地

道後温泉

日本最古の温泉ともいわれる愛媛の道後温泉。夏目漱石の小説『坊っちゃん』の舞台になったことでも知られる。道後温泉本館（右）の建物は道後温泉のシンボルとなっている。

日本の観光を語るとき、絶対に外せないのが温泉である。古くは古事記や日本書紀にも、伊予の湯（道後温泉）、有馬の湯（有馬温泉）、牟婁の湯（白浜温泉）などの記述が見られるほど、古来より日本人に親しまれてきた。

しかし、元々は病気や怪我の回復といった「湯治」が目的で、現在のような観光としての温泉旅行が定着するのは、江戸時代中期頃からであったという。明治時代になると鉄道などの交通網の発展により、温泉地への観光はより身近なものになった。大正～昭和初期にかけては、各地の温泉施設や温泉街の開発が本格化し、鉄道省から『温泉案内』などの温泉専門のガイドブックも発行されるなどして、温泉地への観光旅行が一般大衆化していくこととなる。

そして、戦後復興～高度経済成長期には「観光＝温泉」といってもよいほどの盛り上がりを見せ、各地の温泉街は連日、旅行客で溢れた。この時代は団体旅行も頻繁に行われ、温泉地の旅館に人々が大挙して訪れた。

有馬温泉

和歌山の白浜温泉と並び、近畿地方を代表する温泉街・有馬温泉。大阪や神戸からも近く、関西の奥座敷ともいわれる。数々の文豪や著名人に愛された温泉地としても有名。

上信越国立公園
草津温泉
草津よいとこ
一度はおいで
ドッコイショ
お湯の中にも
コリャ
花が咲くよ
チョイナチョイナ

標高1200mの山間にある草津温泉。板を使って踊るように湯を冷ます「湯もみ」が名物。昭和の絵はがきでは、自然溢れる岩の温泉に混浴で浸かる牧歌的な風景が見られる。

草津温泉

群馬は数多くの温泉地を有することで知られる。万座温泉ではかつて地熱療法(蒸し風呂)が盛んだった。水上温泉は清流と温泉が楽しめる自然溢れる温泉地だ。

万座温泉

水上温泉

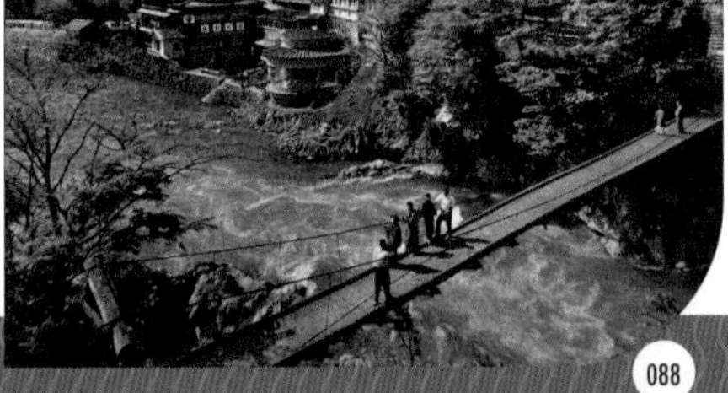

別府温泉

昭和の温泉旅行の代表格ともいえる大分の別府温泉。別府の各所に湧き出る源泉を「地獄めぐり」と称して観光開発し、大ヒット。癒しとエンタメが融合した温泉街だ。

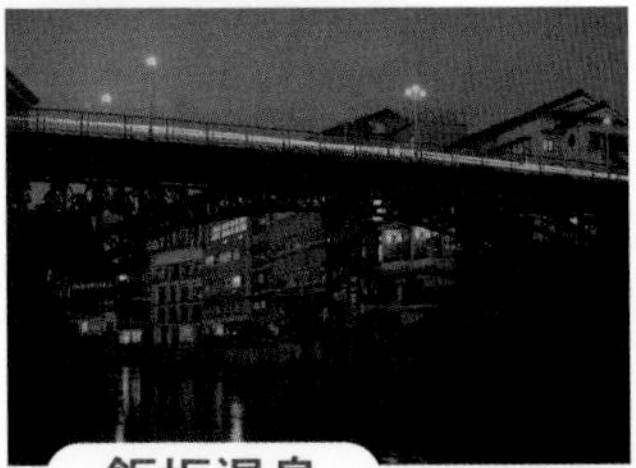

飯坂温泉

温泉と美しい水辺の景色のコラボレーションは日本ならではの観光資源。少し怪しげな光を放つネオンサインも、情緒溢れる昭和の温泉街を思い起こさせる。

舘山寺温泉

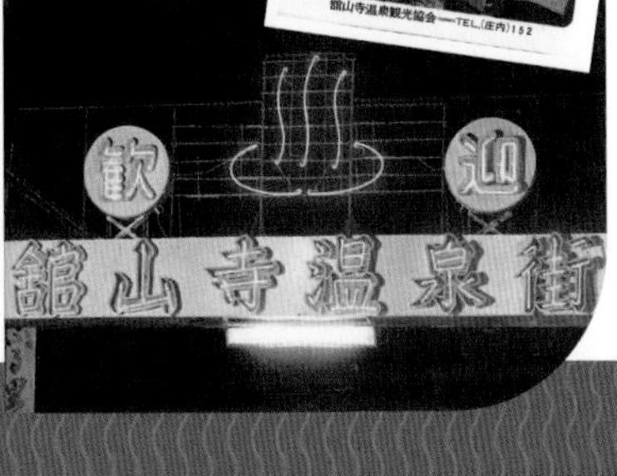

登別温泉

北海道を代表する温泉である登別温泉。1日1万トンの湧水量を誇る。日和山の噴火でできた火口跡は地獄谷と呼ばれ、湯気を上げて源泉が湧き出す姿は見た目にも面白い。

鬼怒川温泉

栃木・日光の鬼怒川温泉。渓谷沿いに温泉宿が並ぶ姿が圧巻！ バブル期が鬼怒川温泉の全盛といわれるが、絵はがきからは昭和30年頃にはすでに巨大な施設が林立していたことがわかる。

鬼怒川にほど近い川治温泉は、アルカリ性単純温泉で傷や神経痛に効果があるとされる。渓流を眺めながら湯に浸かることができる混浴露天風呂「薬師の湯」が名物だ。

川治温泉

山中温泉

山内温泉

長野の山内温泉（山ノ内温泉郷）の地獄谷では、湧き出す温泉で蒸した「ちまき」と、温泉に浸かるサルが有名。石川の山中温泉は秋になると川沿いが紅葉し、渓谷美も楽しめる。

湯峯温泉

和歌山の湯峯温泉（湯の峰温泉）には、日本最古の共同浴場ともいわれる「つぼ湯」がある。湯が7色に変化するといわれ、温泉では唯一世界遺産に登録されている。鹿児島の指宿温泉では、波打ち際の砂浜で砂蒸し温泉が楽しめる。海岸にカラフルな傘が並ぶ姿は指宿ならではの光景。

指宿温泉

温泉案内のパンフレットデザイン

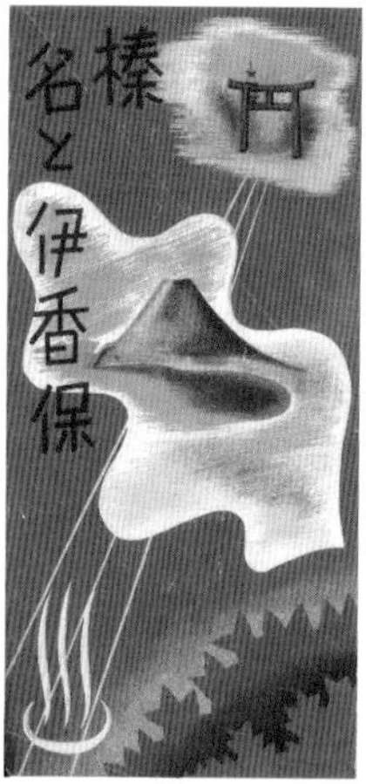

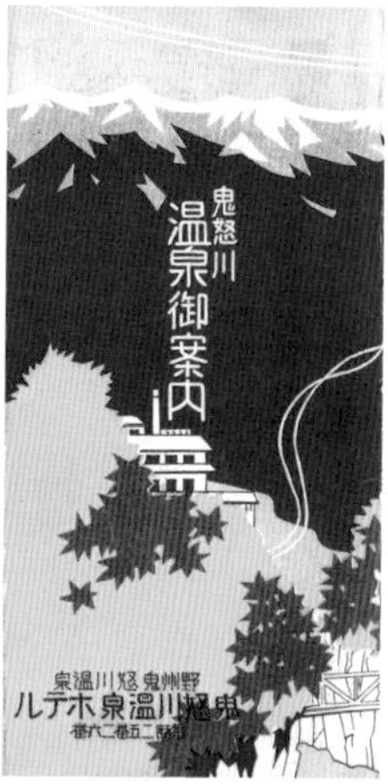

昭和20～30年代の観光案内は、鮮やかな色使いで旅の楽しさが演出されている。その土地の名物をグラフィカルに配置して魅力を引き立たせたり、鳥瞰図を使って立地を俯瞰的に見せたりと、趣向が凝らされている。次はどこに行こうかとワクワクしながら眺めていたことだろう。

どのパンフレットも、その観光地がどういう場所でどんな魅力があるのか、ひと目見ただけで分かるように描かれていて面白い。イラストの持つ力を最大限に活かした仕事だ。

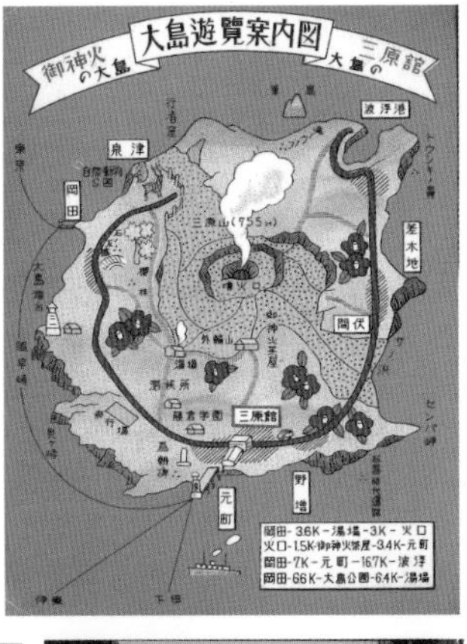

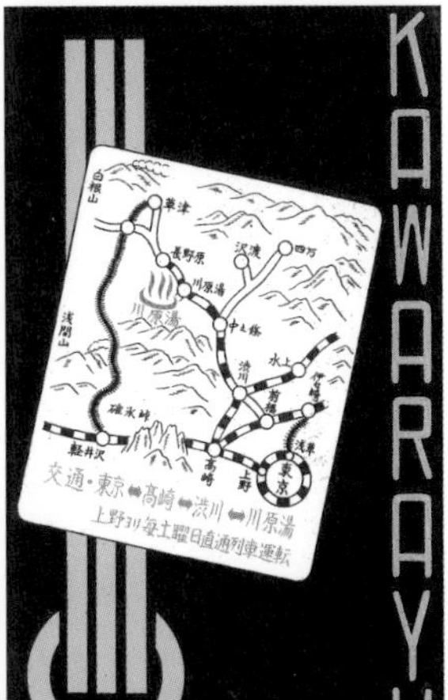

PART 3

日本ならではの大自然と史跡を体感!

行楽地と名勝・名所

昭和30～40年代には各地の山々に登山やハイキングに出かける人が多かった。この時代の観光パンフレットには、登山者をターゲットにしたものが多数発行されている。絵入りの地図や登山ルートなどが詳細に記されている。

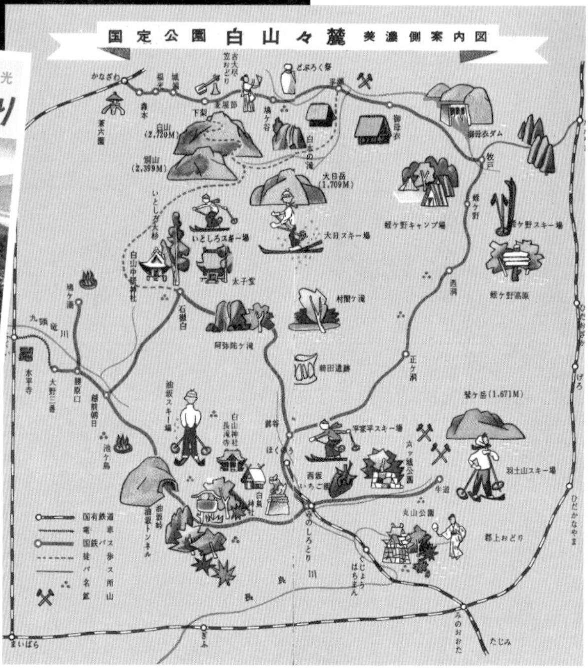

高度経済成長期の昭和30～40年代頃は、あらゆる「ブーム」が起こった。歌声喫茶、バレーボール、ゴルフ、ダッコちゃん、怪獣、切手などなど、スポーツや文化、キャラクターに至るまで、様々なコンテンツが流行した。

そして、観光や旅行の分野においても、多様なジャンルのレジャーがブームとなった時代でもある。日本の登山隊の海外での偉業が報じられると登山ブームが起き、冬季オリンピックで日本人選手が活躍するとスキーブームが、東京オリンピックに合わせて民宿が増えると民宿客を中心に海水浴ブームが到来した。全国の行楽地ではブームに乗じたレジャー客で溢れ、活況を極めたのだ。

戦後復興も落ち着いたこの頃は、人々の間で自然志向や健康志向の意識が高まった時代でもある。日本は海も山も豊富な自然環境に恵まれ、しかもそれらが四季によってあらゆる表情を見せる。自然の中で健康的なレジャーを楽しむには、まさに最適な土地であ

山・高原

昭和の登山ブームでは日本アルプスの自然豊かな山や高原が人々を惹きつけた。登山客の急増に合わせて、山小屋やキャンプ場、バンガローなどの整備が進められていった。

る。それまでレジャーを楽しむ余裕がなかった庶民も、経済的な豊かさ、時間的な豊かさを手に入れると、身近でありながら未知の領域であった大自然に関心が向かうのは当然の流れだったといえるかもしれない。

　また、これらのブームには自家用車の普及というのも大きく影響している。高度経済成長期、マイカーは新たな「三種の神器」の一つになり、一般家庭でも自家用車を持つ時代が訪れた。それに合わせて、日本全国で高速道路やドライブルートの開発も進み、国内に点在する自然の名所はぐっと身近な存在になった。

　自家用車が普及する以前、遠くの山や海に出かけるのは、まさに大掛かりな「旅」であったが、マイカーの登場により、もっとライトな家族で楽しめる「レジャー」になったのである。

　この章では山岳や河川、海岸などの大自然の名勝・名所を中心に、昭和の行楽地がどのようなものであったかを、パンフレットや絵はがきで紹介する。

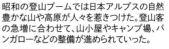

群馬の中央に位置する赤城山。麓には赤城温泉郷も有する。昭和30年代は赤城大沼にスケートリンクがあり、多くの人で賑わった。ロープウェイやリフトも整備されていた。

古くから名山として親しまれてきた茨城の筑波山。ケーブルカーで山頂まで登ると丸い展望台があり、絶景を眺めることができる。昭和34年開業の展望台は現在でも営業している。

山では奇観も楽しめる。その代表ともいえるのが蔵王の樹氷である。この地ならではの特殊な気候と植物が生み出す天然の芸術作品だ。

東京の青梅にある御岳山。都心からのアクセスもよく、ケーブルカーも整備されているので、気軽にハイキングが楽しめる。

御岳山とともに都心から近い場所にある高尾山。パワースポットとしても知られ、樹齢400年以上ともいわれるタコ杉なども有名。

昭和の登山ブームが起こった頃は、休日になると駅に登山道具を抱えた人で溢れたという。夜行列車も通路で寝なければならないほど混み合った。

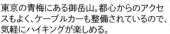

青森の下北半島にある恐山。日本三大霊場の一つ「恐山菩提寺」があり、温泉も湧いている。写真（左）は三途の川の絵はがき。これで手紙が送られてきたらギョッとしてしまいそうだ。

熊本の阿蘇山は九州でも有数の観光地。激しく吹き上がる噴煙に自然の雄大さを感じることができるが、噴石でロープウェイが廃止になるなどの被害ももたらしている。

「東洋のナポリ」ともいわれる、鹿児島の桜島と錦江湾の景色。鹿児島市中心部と桜島を結ぶ「桜島フェリー」は桜島の絶景が間近に楽しめ、鹿児島観光には外せない船だ。

滝・渓谷

修験道の修行の場にもなっていた滝は、自然景観の中でも特に神秘的な魅力がある。夏は避暑地、秋には紅葉、冬は雪景色など、滝の周辺は、日本の移りゆく四季が感じられる絶好のスポットである。

日本三大奇勝の一つである大分の耶馬渓。この地はかつて危険な断崖で、通る人が命を落とすこともあった。それを哀れんだ羅漢寺の禅海和尚が、手彫りで掘ったトンネル「青の洞門」が名所となっている。羅漢寺は五百羅漢でも有名。

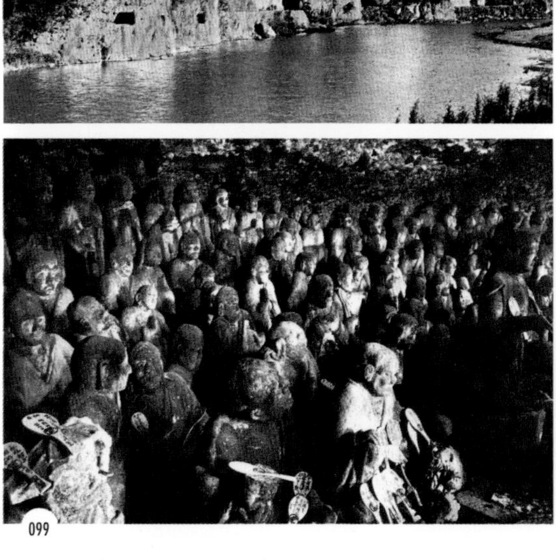

湖

滋賀にある日本最大の湖、琵琶湖。昭和の時代、琵琶湖周辺には様々な観光スポットやレジャー施設が開発された。京阪レークセンターや紅葉パラダイス（びわ湖パラダイス）にはプールや温泉があり、多くの人で賑わった。

昭和32年に国定公園に指定された北海道の大沼。かつては切り出した天然氷が販売されていた。大沼のほとりには大浴場を備えた『大沼ヘルスセンター』があった。

北海道の洞爺湖は噴火によって形成された湖。中央に4つの島が浮かぶ独特な地形が特徴。洞爺湖温泉には大規模なレジャー施設『洞爺サマーランド』も建設された。

青森と秋田にまたがる湖、十和田湖。湖畔に立つ、十和田湖開発の功労者を顕彰する記念像「乙女の像」は、昭和28年に詩人で彫刻家の高村光太郎によって制作された。かつては鉛などを採掘する鉛山鉱山もあった。

富士五湖の中で最大の面積である山中湖。山梨の南東部に位置し、都心からのアクセスもいいことから、昭和初期から本格的に観光地化し別荘開発も行われていった。昭和30年代頃からはキャンプ客が多く訪れるようになった。

川

山が多く水量が豊富な日本においては、河川の観光も盛んである。中でも船に乗って楽しむ川下りは、日本の自然美を堪能でき、渓流のスリリングさも体験できる、古くから人気のある娯楽だ。

京都の保津川下りは約400年前から楽しまれてきた、現存する日本最古の渓流下りといわれる。亀岡から嵐山までの16kmに及ぶ激流を、船頭が手漕ぎで操縦する。約2時間の遊覧ではあらゆる景色が堪能できる。

岐阜・美濃加茂の美濃太田乗船場から、愛知・犬山の犬山橋下船場までの全長13kmの渓流を下る「日本ライン下り」は昭和の観光では定番中の定番で、最盛期の昭和40年代には年間50万人近くの観光客が訪れた。

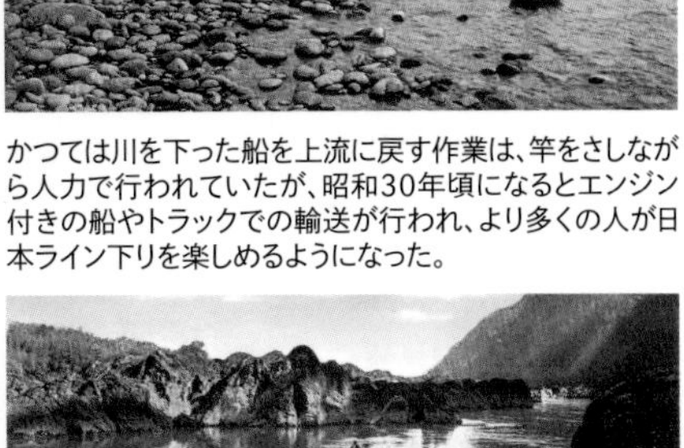

かつては川を下った船を上流に戻す作業は、竿をさしながら人力で行われていたが、昭和30年頃になるとエンジン付きの船やトラックでの輸送が行われ、より多くの人が日本ライン下りを楽しめるようになった。

海岸・島

海岸や離島も、旅情を感じるロケーションとして観光には欠かせない場所である。秋田の男鹿半島は、国定公園に指定されている奇岩奇勝で有名な場所。

日本三景の一つである宮城の松島。小島に建つ仏堂「五大堂」は松島のシンボルとなっている。遊覧船での島巡りも昔から現在に至るまで多くの人々を楽しませている。

犬吠岬

岬に建つ灯台も旅の雰囲気が味わえるスポット。お土産用の絵はがきにも表紙のイメージとして頻繁に使用されている。高知の室戸岬の南端にある灯台は明治32年の建築で、レンズの大きさは2m60cmと日本最大級。

昭和40年代頃は民宿が増え、それに伴い海水浴ブームが到来した。特に関東の海水浴場には数多くの若者が集い、夏の海を楽しんだ。上の写真は千葉の保田海水浴場。貸しボートやヨットで楽しむ人の姿も見える。

瀬戸内海の島々は比較的アクセスがよく、旅の目的地としても絶好のロケーション。ボンネットバスで島を巡る牧歌的な観光の風景は、なんとも昭和的でノスタルジックさが漂う。

新潟の佐渡ヶ島の名物といえば「たらい舟」。女性船頭がたらいの舟を操る姿はなんとも楽しく、その土地の風情が感じられる。

庭園・寺社

茨城の水戸にある偕楽園は日本三名園の一つで梅林が有名。江戸時代に徳川斉昭によって創建された弘道館は日本最大の藩校としても知られ、弘道館の周辺にも梅が咲き乱れる。

石川・金沢の日本庭園である兼六園は、江戸時代に大名庭園として造られた庭で、国の特別名勝に指定されている。広大な敷地内には茶屋や池、築山などが配置されている。

岡山の後楽園は江戸時代に造られた岡山藩の大名庭園。園内ではタンチョウヅルが飼育されていて、名物となっている。昭和20年代には進駐軍の宿舎としても使われた。

香川・高松にある栗林公園は、400年近い歴史を持つ大名庭園。多くの皇族が訪れ、園内には皇族ゆかりのお手植えの松が複数ある。かつては動物園とプールも併設されていた。

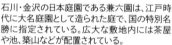

島根を代表する観光スポットである出雲大社。古来からの歴史を持つ神社で、昔も今も多くの人が参拝に訪れる。昭和の観光でも定番スポットで、多くの絵はがきが作られている。

厳島神社がある広島の宮島。修学旅行でもおなじみの観光地だ。昭和29年にはマリリン・モンローとジョー・ディマジオが新婚旅行で厳島を訪問したことでも話題となった。

静岡にある静岡浅間神社。国指定重要文化財である高さ25mの大拝殿は、日本一の高さともいわれる。地元の人からは「おせんげんさん」の名で親しまれている。

群馬・高崎にある高崎白衣大観音は、高さ41.8mで昭和11年の建立当時は東洋一。かつては観音像を中心として、遊園地『高崎フェアリーランド（カッパピア）』があった。

城

長野にある国宝・松本城。5重6階の堂々たる天守を持つ。天守が国宝に指定されているのは松本城、姫路城、犬山城、彦根城、松江城の5カ所のみとなっている。

岐阜城は織田信長が天下統一の拠点とした城。現在建っている城は昭和31年に鉄筋コンクリート建築にて復興されたものであるが、城下を見下ろすその姿は非常に美しい。

天下名城の一つに数えられる滋賀の彦根城。天守閣のほか、櫓も複数残されている。庭園や堀なども当時と変わらぬ佇まいで、歴史のロマンを感じさせる。

江戸時代初期の建築物が複数残る兵庫の姫路城。「白鷺城」という別名も持つ。戦時中は2度も空襲にあったが、奇跡的に火災を免れた。今でも関西の定番観光スポットだ。

築城の名手と謳われた加藤清正によって築かれた熊本城。計算し尽くされた高度な築城技術から、難攻不落の城といわれた。周囲5.3km、98万㎡もの広大な敷地を持つ。

愛媛の松山城は21棟もの国の重要文化財を有する名城。ロープウェイで登ることができ、かつては駕籠の形のロープウェイ（下）が運行されていた。

行きたい場所が満載！　観光案内マップ

column 3

スマートフォンが普及する前、地図は観光に欠かせないパートナーだった。効率よく名所を巡るための手助けとしてだけでなく、旅行から帰ったあとも地図を広げては旅の思い出に浸ったものである。ここではデザイン性も面白い昭和の観光案内マップを見てみよう！

ワクワク感が倍増！楽しい旅のコンパス

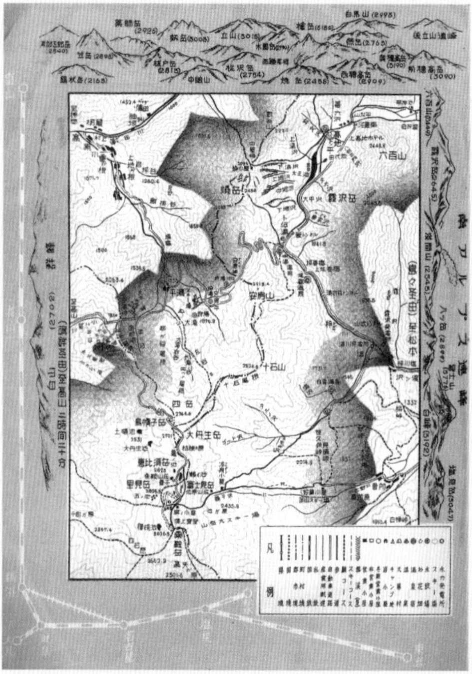

(上)岐阜の平湯温泉付近の地図。四方に山々のイラストを配置することで立体的に山の高さと位置関係を把握できるように工夫されている。(右)大阪の観光案内地図。施設がイラストで示され、ビジュアル的にもわかりやすい。

鬼怒川・川治温泉の案内図。鳥瞰図のスタイルで、点在する観光地の位置関係を俯瞰的に把握できる。山々に生息する動物まで記されていて、行き先への興味が一層そそられる。

京都の定期観光バスの案内図。京都は日本でも代表的な観光地でもあるため、古くからあらゆる種類のマップが作られている。

名所も名物も一目でわかる 旅のお供にこの一枚!

近畿地方の観光地を広範に渡って総覧できるマップ。カラフルな色使いで見ているだけでワクワクする。地図を見ながらまだ見ぬ土地を想像するのはとても楽しい時間だ。

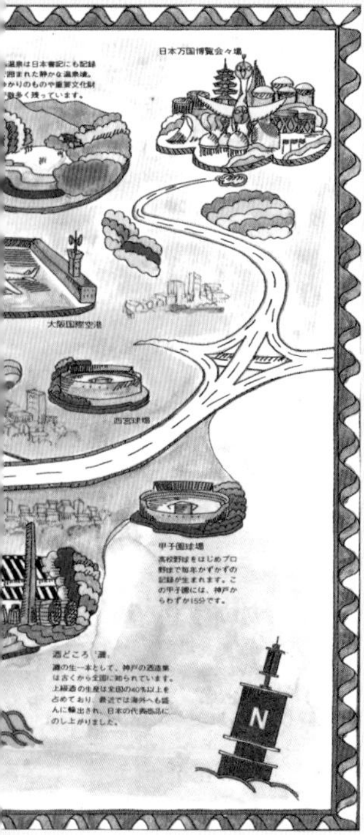

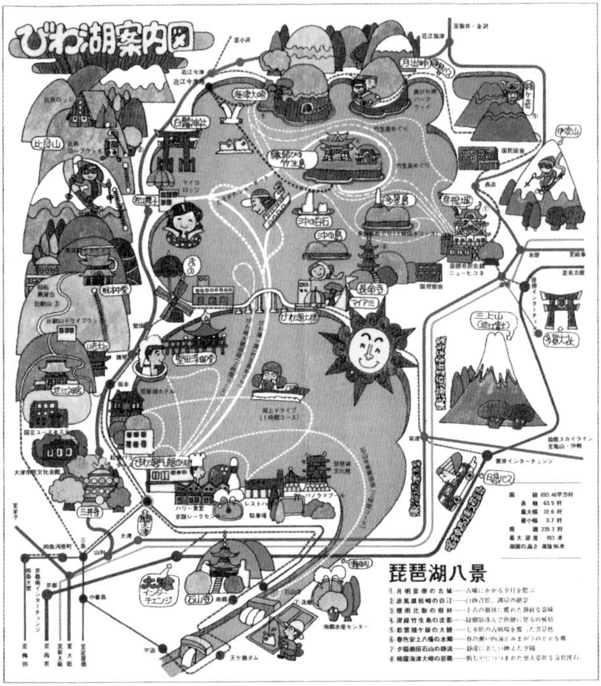

地図を開けば まだ見ぬ冒険が始まる!

時代が下ると表現がより多様になり、かなりデフォルメされたユニークな絵図も増えてくる。絵図ではすぐ近くにありそうに見えるのに、現実にはかなり遠かった…、などの思い出も、この時代ならではのおおらかな旅のスタイルである。

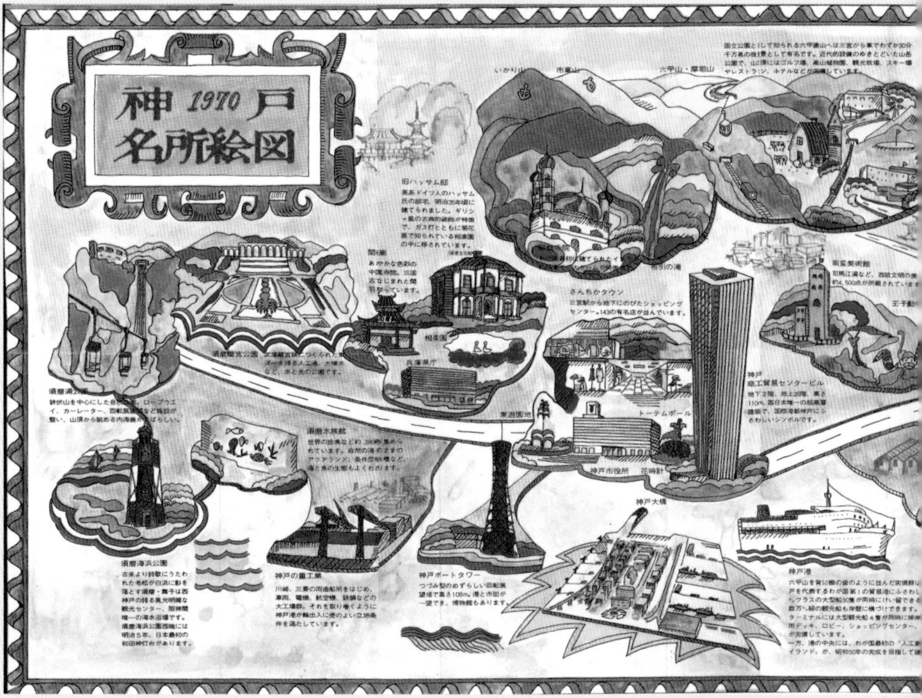
神戸 1970 名所絵図
いかり山
市章山
六甲山・摩耶山
国立公園として知られる六甲連山へは三宮から車でわずか30分
千万弗の夜景として有名です。近代的設備のゆきとどいた山岳
公園で、山頂にはゴルフ場、高山植物園、観光牧場、スキー場
やレストラン、ホテルなどが完備しています。
旧ハッサム邸
美系ドイツ人のハッサム氏の邸宅。明治35年頃に建てられました。ギリシャ風の古典的装飾が特徴で、ガス灯とともに菊花展で知られている相楽園の中に移されています。
関帝廟
あやかな色彩の中国寺院。三国志なじまれた関羽祭っています。
布引の滝
南蛮美術館
司馬江漢など、西欧文明の美
約4,500点が所蔵されていま
さんちかタウン
三宮駅から地下にのびたショッピングセンター。143の有名店が並んでいます。
相楽園
兵庫県庁
須磨離宮公園
神戸
商工貿易センタービル
地下2階、地上26階、高さ110m。西日本唯一の超高層建築で、国際港都神戸にふさわしいシンボルです。
東遊園地
トーテムポール
神戸市役所
花時計
神戸大橋
須磨浦公園
須磨水族館
世界の珍魚など約380種集められています。自然の海そのままのアクアランド、条件反射槽など、海と魚の生態もよくわかります。
須磨海浜公園
古来より詩歌にうたわれた老松が白浜に影を落とす須磨・舞子は西神戸の誇る風光明媚な観光センター、阪神間唯一の海水浴場です。須磨海浜公園西端には明治5年、日本最初の和田岬灯台があります。
神戸の重工業
川崎、三菱の両造船所をはじめ、車両、電機、航空機、鉄鋼などの大工場群。それを取り巻くように神戸港が輸出入に便のよい立地条件を満たしています。
神戸ポートタワー
つづみ型のめずらしい回転展望塔で高さ108m。港と市街が一望でき、博物館もあります。
神戸港

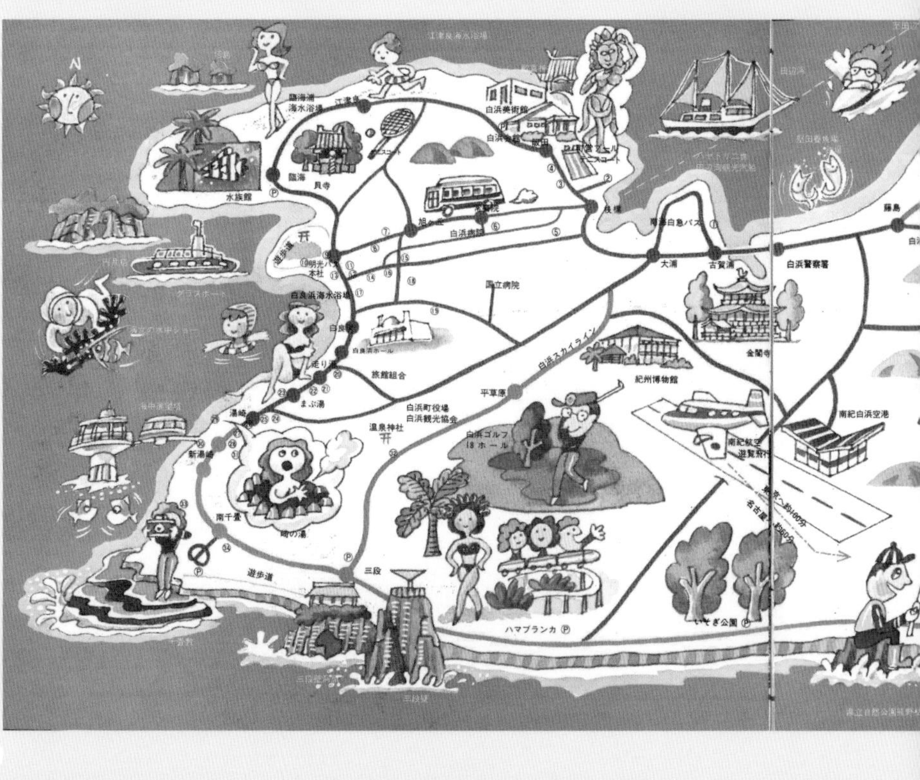
N
臨海浦
海水浴場
江津良
テニスコート
臨海
貝寺
水族館
旭ヶ丘
白浜病院
遊歩道
明光バス
本社
白良浜海水浴場
白良浜ホール
走り湯
旅館組合
まぶ湯
湯崎
新湯崎
白浜町役場
白浜観光協会
温泉神社
南千畳
崎の湯
遊歩道
三段
ハマブランカ
白浜美術館
白浜会館
桟橋
南海白急バス
大浦
古賀浦
白浜警察署
国立病院
白浜スカイライン
金閣寺
紀州博物館
平草原
白浜ゴルフ
18ホール
南紀航空
遊覧飛行
南紀白浜空港
藤島
いそぎ公園
三段壁

絶景を望む！ ロープウェイ

榛名山ロープウェイ

日本で本格的なロープウェイが開通したのは明治時代のことで、大阪の遊園地「ルナパーク」と通天閣を結んだものが最初であるとされている。その後、昭和30年代にレジャーブームが訪れると、ロープウェイが全国各地に次々と開業した。

ロープウェイはただ単純に移動手段として使われるだけでなく、景色やスリルも楽しめるアトラクションとしての側面も大きい。実用的でありながらエンターテイメント性も備えたものであることから、まさに観光地にはうってつけの乗り物である。

乗車している間に見える景色を売りにしたもの、地上からの高さを謳ったもの、車体の性能やデザインで差別化を図ったものなど、昭和生まれのロープウェイは実に個性豊か。お土産の絵はがきなどの写真にも、多く採用されている。

ここでは、そんな昭和の観光の象徴ともいえる日本各地のロープウェイを紹介しよう。

登別温泉から四方嶺に通ずるケーブルカー

有珠山ロープウェイ

寒霞渓ロープウェイ

昇仙峡ロープウエー

春夏秋冬、様々な表情を見せる山々の絶景を楽しむにはロープウェイほど最適なものはない。車内からの歓声が聞こえてきそうな素晴らしい絶景が日本の各地で楽しまれた。

谷川岳ロープウエー

発哺温泉と東館山山頂を結ぶ空中ケーブル

善光寺ロープウエイ

箱根ロープウェイ

昭和34年開業の箱根ロープウェイからは、富士の絶景と大涌谷の火山による奇観が楽しめる。昔も今も変わらず多くの人が訪れる人気スポットになっている。

日本では温泉が有名な観光地にロープウェイが設置されていることがよくある。火山と温泉の組み合わせは、まさに日本ならではの特色といえる。

伊豆長岡ロープウェイ

鋸山ロープウェー

白根火山ロープウェイ

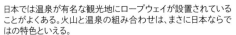

須磨浦ロープウエイ

現在も昭和レトロな雰囲気を残したまま、現役で稼働している須磨浦ロープウエイ。ロープウエイを登った先にある須磨浦展望閣は回転する展望台から絶景が楽しめる。

雲仙ロープウェイ

駒ヶ岳ロープウェイ

赤城山ロープウエー

昭和のロープウェイは、ゴンドラの形もバリエーション豊か。丸みを帯びた形状のもの、角ばった四角形に近いものなど様々で見た目にも楽しい。色は赤色が多く、美しい日本の大自然の中によく映える。空中を遊泳するロープウェイの姿は、当時の人々には非常に未来的にも感じられたことだろう。

宝登山ロープウェイ

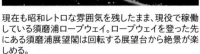

阿蘇山
世界一の
ロープウェイ

国立公園に
初のロープウェイ
雲仙ロープウェイ株式会社

周遊指定地
箱根ロープウェイ
HAKONE ROPEWAY

鋸山ロープウエー
南房総国定公園
鋸山ロープウエー株式会社

昭和30～40年代は、ロープウェイのパンフレットも数多く作られていて、当時観光の目玉の一つとなっていたことがよくわかる。地図やイラスト、写真を用いて魅力が解説されている。

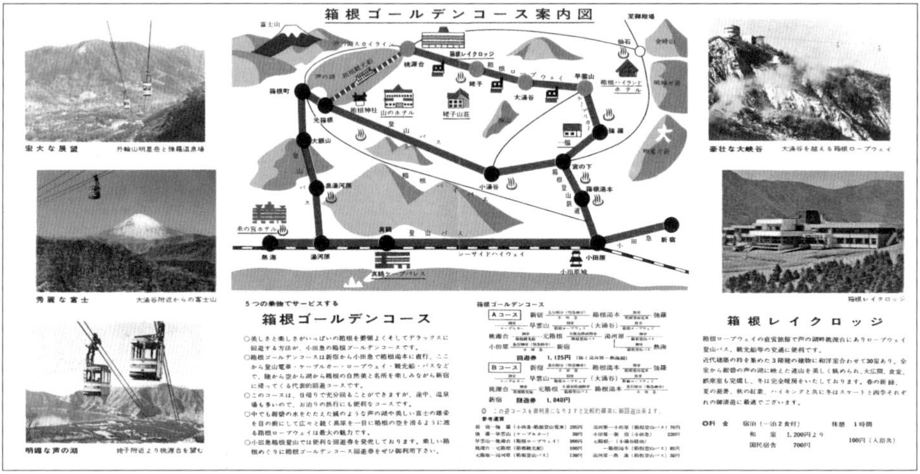
箱根ゴールデンコース案内図
宏大な展望　外輪山明星岳と強羅温泉場
秀麗な富士　大涌谷附近からの富士山
明媚な芦の湖　姥子附近より桃源台を望む
5つの乗物でサービスする
箱根ゴールデンコース
○美しさと楽しさがいっぱいの箱根を要領よくそしてデラックスに回遊する方法が、小田急の箱根ゴールデンコースです。
○箱根ゴールデンコースは新宿から小田急で箱根湯本に直行、ここから登山電車・ケーブルカー・ロープウェイ・観光船・バスなどで、陸から空から湖から箱根の自然美と名所を楽しみながら新宿に帰ってくる代表的回遊コースです。
○このコースは、日帰りで充分回ることができますが、途中、温泉場も多いので、お泊りの旅行にも便利なコースです。
○中でも紺碧の水をたたえた鏡のような芦の湖や美しい富士の雄姿を目の前にして広々と続く高原を一目に箱根の空を滑るように渡る箱根ロープウェイは最大の魅力です。
○小田急箱根登山では便利な回遊券を発売しております。楽しい箱根めぐりに箱根ゴールデンコース回遊券をぜひ御利用下さい。
豪壮な大峡谷　大涌谷を越える箱根ロープウェイ
箱根レイクロッジ
箱根レイクロッジ
箱根ロープウェイの直営旅館で芦の湖畔桃源台にありロープウェイ登山バス、観光船等の交通に便利です。
近代建築の粋を集めた3階建の建物に和洋室合わせて30室あり、全室から紺碧の芦の湖に映えた連山を美しく眺められ、大広間、食堂、娯楽室も完備し、冬は完全暖房をいたしております。春の新緑、夏の避暑、秋の紅葉、ハイキングと共に冬はスケートと四季それぞれの御清遊に最適でございます。
◎料　金　宿泊（一泊2食付）　和　室　1,200円より　国民宿舎　700円
休憩　1時間　100円（入湯共）

空をゆく　夢がわく　輝く太陽
駒ケ岳ロープウェー・湯河原ロープウェー
駒ケ岳ケーブルカー・十国ケーブルカー

伊香保ロープウエイ

蔵王ロープウエイ
8分間で
樹氷原へ

富士と河口湖の雄大な展望
河口湖ロープウエイ
湖畔駅←→天上山富士見台
富士山麓電鉄

静岡にある、久能山東照宮までつながる日本平ロープウェイ。パンフレットではロープウェイ周辺の観光案内や食事処、土産物店なども紹介されている。またネットがなかった昭和の時代、こういったパンフレットは便利な情報源だった。そして今では当時を知る貴重な手がかりとなっている。

北海道の大雪山層雲峡・黒岳ロープウェイ。春夏秋冬の植物や山岳のデータ、交通案内なども紹介されていて、これ一枚で旅の楽しさが広がっていく。

乗車チケット

ロープウェイはチケットにもワクワクするようなデザインが施されている。その魅力がイラストや写真で表現され、見ているだけで楽しい気分になってくる。乗車券を切り離すと、残りの部分がしおりとして使えるようになっているチケットも多かったようだ。しおりを見るたびに、ロープウェイに乗った旅の思い出が蘇ってきたことだろう。

絵はがき

昭和のお土産絵はがきの表紙(外袋)には、ロープウェイの写真が頻繁に用いられている。昭和の時代、新しく登場した観光の目玉であったことはもちろん、景色を一望できるロープウェイは旅愁をかきたてるものとして、とても象徴的な存在だったようだ。その中には廃止となってしまったロープウェイも多く、今となっては絵はがきはかつての姿を知ることができる貴重な記録でもある。

PART4

泊まるだけじゃない!
ゴージャス感満載!!
ホテル&旅館

昭和30〜40年代の高度経済成長期は、余暇をレジャーで楽しむことが当たり前になった時代である。休日ともなると、観光地にある宿泊施設は客で溢れ、ピーク時には予約を取ることも困難な程に活況を呈する。それに対応すべく、宿泊施設は部屋数をどんどん増やし、巨大なホテルや旅館が誕生していった。

さらに、ほかとの差別化を図るために、施設内にありとあらゆるコンテンツが盛り込まれた。客室内に豪華な設備を充実させるのはもちろんのこと、宴会場ではショーを開催したり、個性豊かな大浴場を作ったり、家族で楽しめる遊技場を設けたりなど、あらゆるニーズに応える大規模施設が誕生していくことになる。単なる「寝るための場所」ではなく、施設そのものがエンターテイメントになっていて、宿泊施設内でほぼすべてのことが完結できるようになっているのも、この時代のホテルや旅館の大きな特徴だといえる。

また、社員旅行などの団体旅行のス

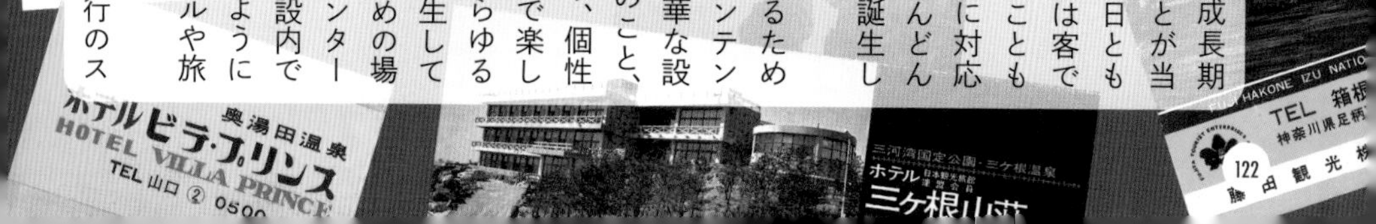

タイルが一般的だったことも、巨大な宿泊施設が増えた一つの要因でもあるだろう。団体客に対応するためにはそれだけ大きな施設が必要になる。客室を増やすだけでなく、宴会場などの団体客向けの設備も設けて大人数での宿泊に対応できるようにした結果、今では考えられないような巨大な施設が生まれていったのである。

当時のホテルや旅館の外観の写真を見ると、増改築を繰り返したことがわかるつくりになっているものも多い。異様なほどに膨張したそれらの建物からは、昭和という時代のパワーのようなものを感じることができる。昭和30～40年代に建築されたこれらのホテルや旅館の中には、今の建築基準からすると明らかにアウトだと思われる奇想天外なつくりになっているものも多く、これもまた時代のおおらかさというか、これぞ高度経済成長期といったダイナミックさを感じさせるのだ。

ここでは当時の宿泊施設がどのようなものであったのか見ていこう。

エントランス・ロビー

宿泊施設は旅の疲れを癒やすだけではなく、日常から離れて特別な時間を過ごす場所だ。最初に目にするエントランスやロビーは、単なる通過点ではなくその施設の第一印象を形作る非常に重要なスペースとなる。この時代は特に空間を贅沢に使った演出がなされていた。

高度経済成長期を象徴するような、豪華なシャンデリア、高級感溢れるインテリアが使用されている。著名なアーティストの作品が飾られていることも多かった。

赤い絨毯は昭和の宿泊施設ではよく見られる。吹き抜けには階段が設置され、エレガントな空間に。重厚感のある木目調のテレビも時代を感じさせる。

宴会場・食事処

団体旅行も盛んだった当時、社員旅行などはまさに昭和の文化で、全員参加で旅行に行き、宿泊するというスタイルが定番だった。そのため、多くの宿泊施設に大規模な宴会場やホールが設けられていた。広々とした宴会場や食事処は、まさに昭和の宿泊施設の象徴のような光景である。

大型のホテルには数百人収容できる宴会場もあった。ステージは歌や踊りなどの催し物が開かれ、宿泊客たちを楽しませた。

宿泊施設内に和洋中、様々な食事処があり、地元の特産品を味わうことができた。館内を浴衣で歩いて食事に行くときの楽しさは格別だ。

愛知の『伊良湖ビューホテル』では、水槽内を海女が泳ぐ演出が行われる「喫茶マーメイド」があった。

客室

高度経済成長期に入ると、観光地の宿泊施設の設備や客室内の家具、家電も進化した。当時の最新型のテレビやエアコン、冷蔵庫などが導入され、快適なものになった。洋室と和室の両方が設けられた部屋も増え、多様なニーズに対応できるようになっていった。

部屋での喫煙が当たり前だった時代、各部屋の机の上には必ず灰皿が置かれていた。足付きのテレビも今となってはレトロな印象。

高級感溢れる洋室の部屋も登場。この時代の大型宿泊施設の調度品はどれも非常に豪華。

様々なニーズに対応できるようにした結果、畳の和室とソファの洋室が隣り合わせにある、日本ならではの空間も誕生した。

大浴場

日本の旅の楽しみの一つでもあるお風呂。当時、どの宿泊施設でも競うように豪華な大浴場を設けていた。体育館のように広い浴室内で数十種類もの湯を楽しめるようになっていたり、子ども向けに滑り台などの遊具が設けられたり、あの手この手で宿泊客を驚かせた。

この時代の大浴場はタイル画の豪華さも凄い。モザイクタイルで、まるで絵画のような芸術性の高い作品が作られていた。

熱帯植物に囲まれて入浴できる“ジャングル風呂”もこの時代に全国各地で流行した。写真は鹿児島の『指宿ヘルスセンター』のジャングル浴場。彫刻作品や滝まであり、豪華なつくりだ。指宿温泉はジャングル風呂発祥の地とされている。

下の写真は鹿児島の『霧島ホテル林田温泉』のサンスカイ浴場。バリの舞踊を見ながら入浴できるイベントなども開催されていた。

ゲームコーナー

昭和30年代以前は温泉の娯楽といえば卓球やビリヤードなどが定番だったが、新たな娯楽としてゲームコーナーが登場する。射撃、カーレース、ルーレット、パチンコ、そして今でもよくあるクレーンゲームなど、大人から子どもまで楽しめるラインナップが揃っていた。

ピンボールは宿泊施設のゲームコーナーでは定番だったようで、当時の写真を見ると必ずといっていいほど設置されている。

日本においては、昭和40年代頃まではビリヤードといえば4つの玉を使う「四つ玉」がメジャーだった。上の写真のように、ポケットに玉を落とすゲームの「ナインボール」はやや時代が下ってから流行した。

温泉旅館といえば風呂上がりに卓球というイメージは今でも強い。箱根の温泉宿で導入されたのがはじまりといわれている。

ダンスフロア・バー

部屋でくつろいだあとは、バーでカクテルやウイスキーを一杯。ジュークボックスからはムーディーな音楽が流れ、そこはエレガントな大人の社交場だった。宿泊施設にダンスフロアが設けられているのもこの時代の特色だ。

カラフルな色使いの華やかな空間から、シックで落ち着いた雰囲気まで、個性豊かな内装で面白い。地元のバーテンダーとの会話も楽しそうだ。

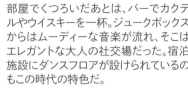

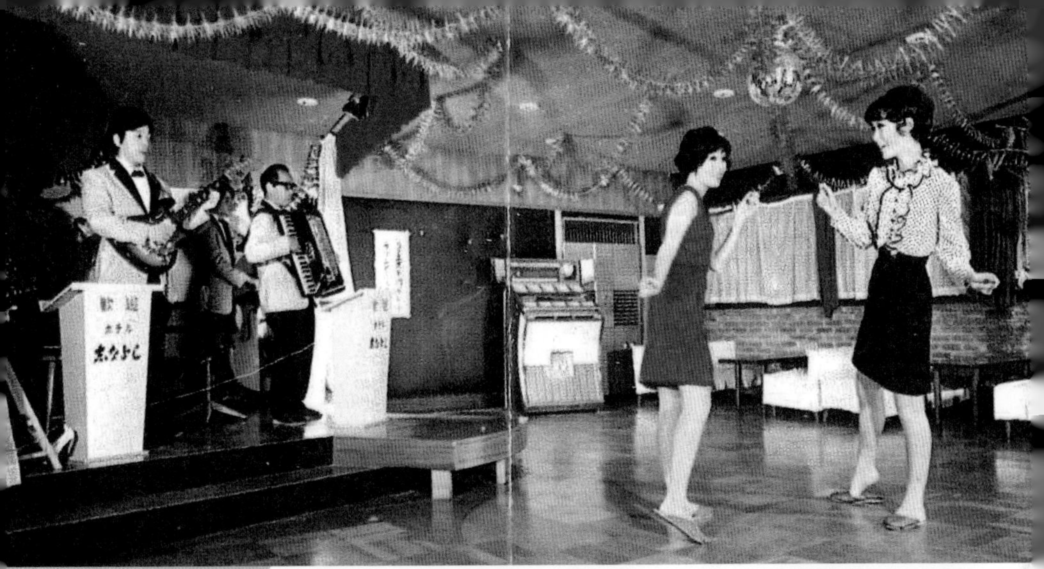

バンドの生演奏に合わせてひと踊り。この時代のバンドマンは大忙しで、複数の宿泊施設やキャバレーを掛け持ちで演奏して回ったそうだ。バンド演奏がないときはジュークボックスから曲を選んで楽しめた。

ショッピングコーナー

旅の思い出になるお土産品。やはりペナントは定番で、写真でも売られているのが確認できる。こけしなどの民芸品も人気だった。

荷札のデザイン

ホテルや旅館に宿泊する際、トランクや旅行バッグに付けられる荷札。現在はフロントに荷物を預かってもらうと、番号の書かれたプラスチックの板で管理されていることが多いが、以前はそれぞれの宿泊施設が、個性的なデザインの荷札を独自に作っていた。

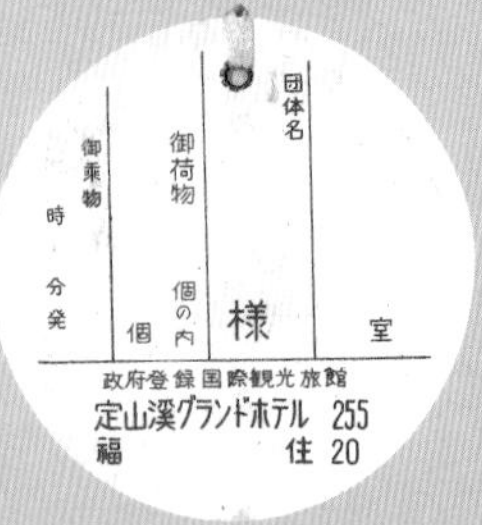

荷札の裏には部屋番号、名前（団体名）、荷物の個数のほか、出発時刻なども記載するスペースがあった。荷札を付けたまま旅を続ける人も多かったので、個性的なデザインのものは宣伝としての役割もあったのだろう。

昭和40年代頃になると、印刷技術の向上で荷札にカラー写真が使用されるようになる。凝ったつくりなので、旅の思い出に保管したくなる一品だ。

形も絵もいろいろ　お土産しおり

column 4

昭和の観光地では絵はがきなどのお土産のほかに、しおりもよく売られていた。電子書籍が普及した今ではしおりを使う機会は少なくなったが、当時はまだまだ実用品だった。今よりも交通機関が発達していなかった時代は小説などを読みながら移動時間を楽しんだものだ。しおりは旅との相性もよかったのである。

1セット5〜10枚ほどが外袋に入った状態で売られており、主に観光地の名所が印刷されていた。旅の思い出に浸ったり、お土産として配られたりしていたことだろう。

昭和20〜30年代のお土産しおりの外袋はイラストがほとんどで、デザイナーの腕が光る。しおりにはご当地の歌の歌詞や、ちょっとしたポエムのようなものが書かれていることも多い。

耶馬溪
しおり
青洞門、羅漢寺、深耶馬溪
民謡入
天然色六枚組

ARIMA
国立公園
有馬温泉
しをり
天然色写眞
六枚組

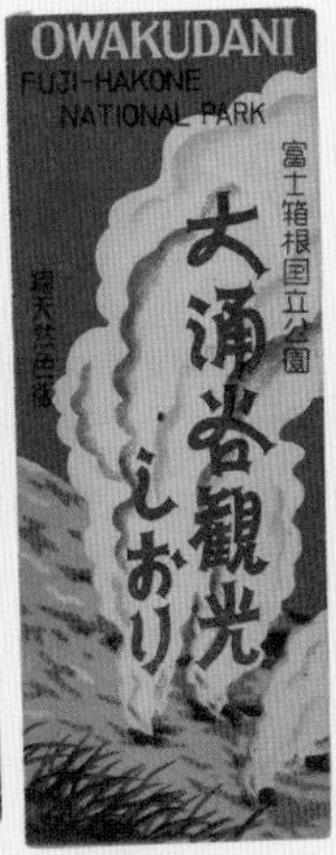
OWAKUDANI
FUJI-HAKONE
NATIONAL PARK
富士箱根国立公園
大涌谷観光
しおり

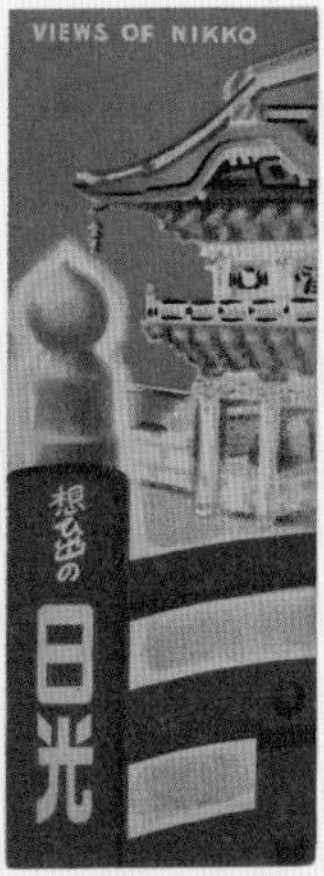
VIEWS OF NIKKO
日光

伊豆の温泉郷
伊東
しおり
SPA

国立公園
鳴門のしおり

国際文化観光都市
水郷松江
天然色しおり!
VIEWS OF MATUE

奈良の鹿

BOOK MARK
ユネスコ村のしおり
UNESCO

別府高崎山の
野猿のしおり
BEEP MONKEY

別府名所
地獄めぐり
BEPPU

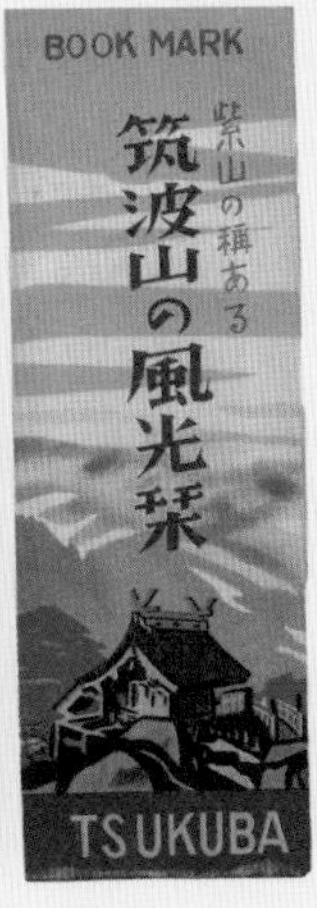
BOOK MARK
紫山の稱ある
筑波山の風光栞
TSUKUBA

白浜温泉
天然色
観光しおり
SHIRAHAMA SPA

天然色写眞

大阪名所しをり
天然色
6枚組

個性的な形も面白い 変形しおり

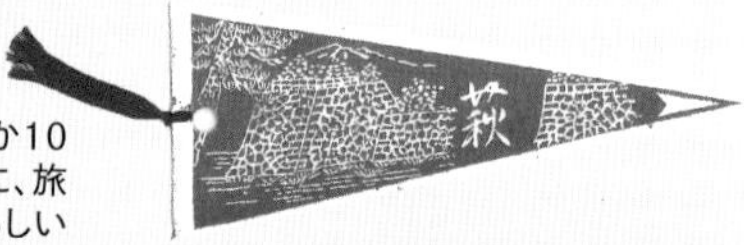

ペナント型のしおり。このわずか10数cmの小さなキャンバスの中に、旅に出かけたくなるような素晴らしいデザインが詰め込まれている。

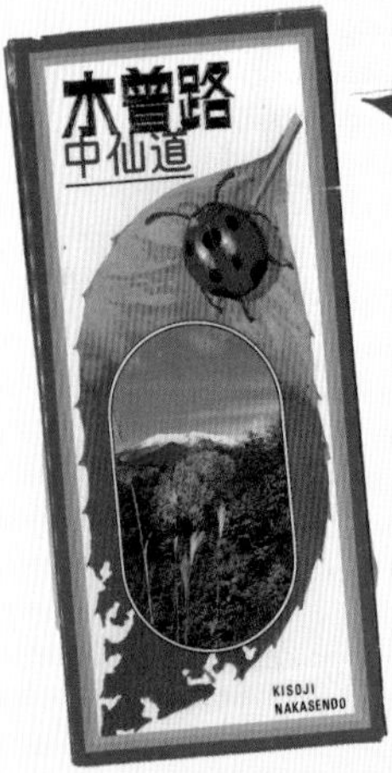

しおりにはご当地の植物をあしらったものがよく見られる。色鮮やかな花は、地味な印象になりがちな小さなしおりも華やかに見せてくれる力がある。

複雑な形状のものは見た目にはとても楽しいものだが、実用性には若干欠けるかもしれない。しかし、それも昭和ならではのおおらかさだ。

昭和40～50年代になると、カメラや印刷技術も向上して、しおりにもより鮮明な写真が掲載されるようになる。旅の思い出もよりはっきり浮かぶようになったことだろう。

しおりにこんな仕掛けが？
面白しおり

袋にストラップのような小さなワンポイントが付けられたしおり。80年代頃のファンシーなイラストが可愛らしい。

写真を貼ることができたり、時間割を書き込んだりできるようになっているしおり。外袋には窓があり、中のしおりのデザインが見えるようになっている。

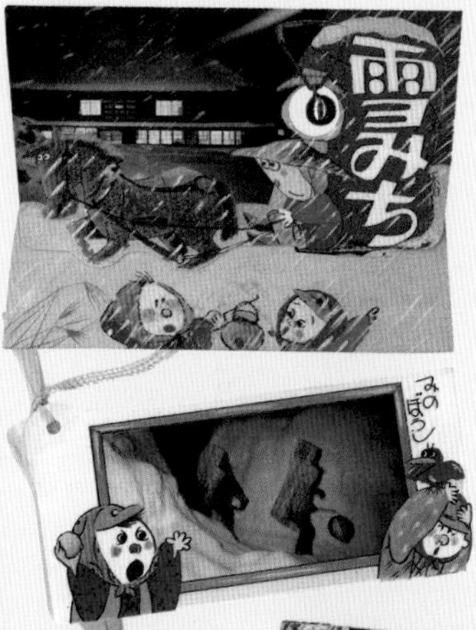

実物の花を押し花にしたものや、その土地の木材を素材に使ったしおりなどもあった。当時の空気が閉じ込められたタイムマシンのような一品。

あとがき

「若者の消費離れ」「若者の恋愛離れ」など「若者の〇〇離れ」という言葉を最近よく耳にする。その後に続くのが「若者に元気がない」「悟り世代」「若者は金を使わない」そして「昔はよかった」という言葉。本書がフィーチャーしている時代はまさに「昔はよかった」と引き合いに出されがちな高度経済成長期の日本である。

今、ＹｏｕＴｕｂｅやＳＮＳで「昭和遺産」や「バブル遺産」などとして、かつて隆盛を極めた場所が寂れてしまった様子を発信する動画や写真が流行っている。インバウンド需要により、メジャーな観光地が外国人観光客で盛り上がる一方、ひっそりと、しかし着実に「遺産」になりつつある地域や施設が存在しているのである。それらのコメント欄を見てみると、閲覧者の感想はけっして「負の遺産」などといったネガティブな内容ではなく、滅びの美学というか、「兵どもが夢の跡」的な侘び寂びに近い感覚をもって見られているような気がする。まさに、古戦場跡や城跡などの歴史スポットで感じる、あの感覚である。

高度経済成長期、あるいはバブル期に勃興した観光地が大きく荒廃したタイミングは、おそらく３つある。バブル崩壊、東日本大震災、そして昨今のコロナ禍である。これらの出来事は社会の強制的なリセットともいえるタイミングで、人々の価値観を大きく変えた、ひとつのターニングポイントになっていると思う。物質的な豊かさというのは、実はとても空虚なものではないか、そう考えるようになった人も多いはずだ。ミニマリストを目指す若者が増えているのは、人々の精神性、あるいは社会が「リセット」を期に成熟していった結果だろう。廃れていくものに悲しみや後ろ暗さではなく侘び寂びを感じるのは、若い人たちの感覚がひとつ先のフェーズに入ったからではないかと思う。それが冒頭のような「若者の○○離れ」として、昭和を生きた世代の人には不気味でなんだか理解し難いものに感じられてしまうのかもしれない。

　とはいえ、昭和は日本がすこぶる元気だった時代であることは事実である。昭和50年代生まれの私にとっても、やはりあの時代は懐かしく、そして輝いて見える。むちゃくちゃが通用する面白い時代だったとも思う。一方で、現在40歳前後の私と同世代の人たちは、平成～令和の新しい価値観を身につけてきた世代でもある。ダイナミックな昭和的価値観と、今の新しいミニマリズム的価値観の間をちょうどいいとこ取りできたラッキーな世代ではないか。そんなフラットな感覚を忘れないようにしたいし、次世代に伝えていければと思う。この本が、過去と現在、さらには未来の文化についての多角的な理解の一助になれば幸いである。

山田孝之
（山田全自動）

佐賀県出身、福岡県在住のイラストレーター、ブロガー。江戸時代の町人をモチーフとしたあるあるネタのイラストや、ゆるい日常生活のエッセイ漫画などを描く。Instagram ほかの SNS が人気を呼び、広告や企業コラボなどの実績多数。ライブドアブログ OF THE YEAR 2020 ベストクリエイター賞受賞。著書に『山田全自動の落語でござる』『山田全自動の懐かしあるある』『山田全自動の日本文学でござる』『山田全自動と林家はな平の落語あるある』『山田全自動の徒然日記』『山田全自動のあるある超ベストでござる』（全て辰巳出版）などがある。福岡のご当地情報ブログ『Y氏は暇人』も運営。

構成・編集　Plan Link
デザイン　近江聖香（Plan Link）
企画・進行　廣瀬祐志

日本懐かし観光大全

2023 年 10 月 5 日　初版第 1 刷発行

著者　山田孝之
発行人　廣瀬和二
発行所　辰巳出版株式会社
〒 113-0033 東京都文京区本郷 1-33-13 春日町ビル 5F
TEL　03-5931-5920（代表）
FAX　03-6386-3087（販売部）
URL　http://www.TG-NET.co.jp/

印刷所　三共グラフィック株式会社
製本所　株式会社セイコーバインダリー

本書の内容に関するお問い合わせは、
お問い合わせフォーム (info@TG-NET.co.jp) にて承ります。
電話によるご連絡はお受けしておりません。

定価はカバーに表示してあります。

万一にも落丁、乱丁のある場合は、送料小社負担にてお取り替えいたします。
小社販売部までご連絡下さい。

ISBN978-4-7778-3079-4